高等职业教育经典系列教材·财务会计类
浙江省精品在线开放课程新形态教材

中小企业会计基础与实务

主　编　赵克辉　赵东升　毛红光
副主编　丁慧琼　王　丹　刘楠楠

北京理工大学出版社
BEIJING INSTITUTE OF TECHNOLOGY PRESS

版权专有　侵权必究

图书在版编目（CIP）数据

中小企业会计基础与实务 / 赵克辉，赵东升，毛红光主编. --北京：北京理工大学出版社，2021.6

ISBN 978-7-5682-9988-6

Ⅰ. ①中… Ⅱ. ①赵… ②赵… ③毛… Ⅲ. ①中小企业-会计 Ⅳ. ①F276.3

中国版本图书馆 CIP 数据核字（2021）第 130809 号

出版发行 / 北京理工大学出版社有限责任公司

社　　址 / 北京市海淀区中关村南大街 5 号

邮　　编 / 100081

电　　话 /（010）68914775（总编室）

　　　　　（010）82562903（教材售后服务热线）

　　　　　（010）68944723（其他图书服务热线）

网　　址 / http：// www.bitpress.com.cn

经　　销 / 全国各地新华书店

印　　刷 / 河北盛世彩捷印刷有限公司

开　　本 / 787 毫米×1092 毫米　1/16

印　　张 / 16.25　　　　　　　　　　　　　　　　责任编辑 / 王俊洁

字　　数 / 320 千字　　　　　　　　　　　　　　　文案编辑 / 王俊洁

版　　次 / 2021 年 6 月第 1 版　2021 年 6 月第 1 次印刷　　责任校对 / 刘亚男

定　　价 / 49.80 元　　　　　　　　　　　　　　　责任印制 / 施胜娟

图书出现印装质量问题，请拨打售后服务热线，本社负责调换

前　　言

本书是浙江省普通高校"十三五"新形态教材，是浙江省精品在线开放认定课程"中小企业会计基础与实务"的配套教材，并融入了"1+X"证书中"财务数字化"的初级相关知识和技能。

本书基本内容涉及会计基础、财务分析、财务管理和会计信息化等方面的知识与技能。

编写本书的目的是培养高职院校会计专业及财经类专业学生的会计基础知识与技能、财务分析与管理能力。

本书的体例和结构基于传统"会计基础"课程的知识点和能力点，根据中小企业会计岗位"一岗多能""一专多能"的岗位要求，整合了财务会计和管理会计中的财务分析和资产管理的相关内容，体现了会计核算与财务管理的融合，体现了企业内部会计业务与外部会计业务的结合，体现了传统会计向现代会计的转型；以中小企业的真实经营活动再现了会计业务、流程和方法，突出信息化（对应 1+X 证书：财务数字化—初级）、微视频等立体数字教学资源的应用，对于在互联网时代高职会计专业的建设与改革以及现代信息技术在会计教育与培训中的应用具有较强的实际意义。

本书具有以下特点：

（1）以中小企业的真实经营活动再现了会计业务、流程和方法；

（2）体现了中小企业会计岗位"一岗多能""一专多能"的特点，体现了会计核算与财务管理的融合，体现了企业内部会计业务与外部会计业务的结合；

（3）突出信息化在会计核算和财务管理中的应用，体现了传统会计向现代会计的转型；

（4）采用行动导向下的项目化教学设计和多种启发式教学方法，促进学生合作学习，做到课内课外、线上线下相结合；

（5）开发了丰富的网上资源，满足学生自主学习的需要。

本书由赵克辉、赵东升、毛红光担任主编，并由赵克辉负责总纂与定稿；由丁慧琼、王丹、刘楠楠担任副主编。具体编写分工如下：项目1、项目2由浙江长征职业技术学院赵克辉编写；项目3、项目4由太古可口可乐（中国）有限公司赵东升编写；项目5由浙江横店影视职业学院毛红光编写；项目6由浙江长征职业技术学院王丹编写；项目7由浙江长征职业技术学院刘楠楠编写；项目8由浙江长征职业技术学院丁慧琼编写。在编写过程中，编者参考了大量中外文献，得到了有关专家的大力支持，在此一并表示衷心的感谢！由于编者自身水平有限，书中难免有不足之处，敬请专家、学者和广大读者不吝赐教！

编　者
2021 年 6 月

目　　录

项目1　认知中小企业会计 ·· 1
任务 1.1　认知会计的含义 ·· 3
任务 1.2　认知会计的职能 ·· 7
任务 1.3　认知会计精神与会计行为 ·· 11
任务 1.4　认知中小企业会计 ·· 15
拓展练习 ·· 22

项目2　认知中小企业会计核算的基本流程 ···································· 24
任务 2.1　编制家庭资产负债表 ··· 26
任务 2.2　编制家庭利润表 ·· 29
任务 2.3　认知公司设立程序 ·· 33
任务 2.4　认知中小企业会计核算的基本流程 ··································· 41
拓展练习 ·· 49

项目3　传统账务处理 ·· 51
任务 3.1　收缴资本金 ·· 53
任务 3.2　填制纸质会计凭证 ·· 57
任务 3.3　登记纸质会计账簿 ·· 63
任务 3.4　编制纸质会计报表 ·· 67
拓展练习 ·· 73

项目4　财务数字化：基础设置与维护 ·· 75
任务 4.1　组织设置与维护 ·· 77
任务 4.2　供应链单位设置与维护 ·· 90
任务 4.3　基础档案设置与维护 ··· 94
拓展练习 ·· 108

项目5　财务数字化：账务业务处理 ·· 110
任务 5.1　期初数据录入 ·· 112
任务 5.2　业务处理 ·· 124
任务 5.3　报销处理 ·· 144
任务 5.4　固定资产处理 ·· 154
任务 5.5　凭证处理 ·· 162

拓展练习 ·· 174

项目 6　财务数字化：税务业务处理 ································· 176

　　任务 6.1　开具发票 ··· 178
　　任务 6.2　发票受理 ··· 184
　　任务 6.3　增值税纳税调整与申报 ······································· 195
　　拓展练习 ·· 202

项目 7　财务数字化：资金业务训练 ································· 204

　　任务 7.1　账户管理 ··· 206
　　任务 7.2　资金管理 ··· 216
　　拓展练习 ·· 224

项目 8　中小企业财务分析 ··· 226

　　任务 8.1　搭建财务分析框架 ·· 228
　　任务 8.2　企业战略分析 ·· 233
　　任务 8.3　会计分析 ··· 239
　　任务 8.4　报表分析 ··· 243
　　任务 8.5　前景分析 ··· 248
　　拓展练习 ·· 252

参考文献 ··· 254

项目 1

认知中小企业会计

知识目标

- 理解会计的概念；
- 掌握会计的基本职能；
- 熟悉会计精神和会计行为；
- 熟悉中小企业会计的特点和核算意义。

技能目标

- 能够熟知会计本质、会计主体、主要计量单位等具体含义；
- 能够识别核算与监督两大传统会计基本职能；
- 能够识别会计精神和会计行为。

素质目标

- 培养学生对会计在社会发展中重要性的认知意识；
- 培养学生自觉养成爱岗敬业、遵守职业道德的会计精神；
- 培养学生自觉养成坚持原则、实事求是的会计行为。

 知识串联

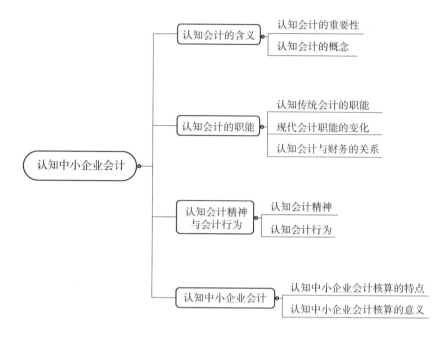

任务 1.1　认知会计的含义

【学习情境】

会计专业的学生陈亦旺、王飞、刘晓珂 3 位同学在学习之余，想一起创业，经过深入地调研和分析，他们发现，商场里、影院旁抓布娃娃的"娃娃店"生意相当火爆，他们认为这是一个投资小、见效快的好生意，决定成立一家企业，专营"娃娃店"的生意。根据分工，陈亦旺任总经理，王飞任会计，刘晓珂任出纳。"娃娃店"要开张，会计王飞要处理的事情可以说是千头万绪。公司资金从何而来？公司怎样才能注册？账务又如何处理？纳税申报又怎样开展？等等，而要开展这些会计工作，首先就要知道什么是会计？

【学习目标】

了解企业活动，了解会计的重要性，认知会计概念。

【知识储备】

知识点 1：经济越发展，会计越重要

马克思在《资本论》中指出："过程越是按社会的规模进行，越是失去纯粹个人的性质，作为对过程的控制和观念总结的簿记就越是必要。"这里讲的"簿记"指的就是会计，这段论述的意思就是，经济发展离不开会计，经济越发展，会计越重要。

知识点 2：企业活动离不开会计

企业是经济社会发展的主体，盈利是企业发展的根本动力，企业盈利的过程就是一个不断从投入资金到收回更多资金的"金钱循环游戏"，即资金循环，而会计就是对企业资金循环进行的管理。

企业活动具体包括融资活动、投资活动和经营活动。

（1）融资活动

融资就是筹集资金，企业从哪里能够筹集到资金呢？

融资活动分两个部分：股权融资和债权融资。从股东那里筹集到的资金，就是股权融资，股东是投资人，而企业是被投资人，通过股权融资得到的资金，企业是不需要支付利息的，但公司股权属于全体股东，股东对公司有分红权；债权融资，是指企业借来的资金，提供资金的一方，成为债权人，而得到资金的一方，则是债务人，债务人要定期向债权人支付利息。

（2）投资活动

企业的投资活动也包括两部分：对内投资和对外投资。对内投资主要是指对固定资产、无形资产等期限超过 1 年以上的项目进行的投资；对外投资主要是指对外投资公

司，购买股票、债券，等等。

（3）经营活动

经营活动是指企业融资和投资活动以外的所有交易和事项。

知识点 3：会计的概念

什么是会计？人们通常从下面三个不同的角度对会计进行理解：

①会计是一项专门的工作——会计工作，比如，王飞是干会计的；

②会计是一个群体——会计人员，是指担任会计工作的人员，比如，"娃娃店"的王会计是个新手；

③会计是一门学问——会计学，是指一门以会计为对象的学科，比如，王飞在大学里学的是会计。

我们这里所讲的会计，则是侧重于会计工作，那么，什么是会计呢？

会计是以货币为主要计量单位，反映和监督一个单位经济活动的一种经济管理工作。

因此，会计的概念可以表述为：以货币为主要计量单位，反映和监督一个单位经济活动的一种经济管理工作。

【任务清单1.1】 认知会计的含义

项目	任务内容
任务情境	假如你是"娃娃店"的会计王飞,通过对【知识储备】中会计概念的学习,你能理解到底什么是会计吗?
任务目标	通过会计概念理解会计的具体含义。
任务实施	(1) 会计的本质是一项什么活动? (2) 企业的主体是什么? (3) 会计的主要计量单位是什么? (4) 会计还有其他计量单位吗? (5) 会计的主要作用是什么?
任务点拨	
任务总结	通过完成上述任务,你学到了哪些知识或技能?

任务1.2　认知会计的职能

【学习情境】

据中华会计网校网站（http://www.chinaacc.com/news/jinrihuati/wa1502119799.shtml）报道：在美国，90%的财务人员从事的是财务管理工作；而在我国，企业超过85%的财务人员担任会计核算职位，他们80%以上的时间用于记录与核算，充当着账房先生的角色。虽然美国的现在不一定代表中国的未来，但一定可以带给我们很大的指导和警示意义。你认为未来账房先生们将何去何从？账房先生们又应该如何转型去适应管理会计人才急剧发展的需要呢？

【学习目标】

掌握会计基本职能，了解会计职能变化的趋势。

【知识储备】

知识点1：会计的基本职能

会计的职能是由会计的本质特征所决定的固有的、直接的功能。会计的职能就是指会计在经济管理中所具有的功能。《中华人民共和国会计法》（以下简称《会计法》）把会计的基本职能表达为会计核算与会计监督。

（1）会计核算职能

会计核算职能是指采取货币形式从数量方面综合反映企业已经发生或已经完成的各项经济活动并进行公正报告的工作。会计核算贯穿于经济活动的全过程，是会计最基本的职能，也称反映职能。

（2）会计监督职能

会计监督职能是指按照一定的目的和要求，利用会计核算所提供的经济信息，对特定对象经济业务的合法性、合理性进行审查、控制，使之达到预期目标的工作。

（3）会计的核算职能与监督职能之间的关系

会计的核算职能和监督职能是相辅相成、辩证统一的关系。会计核算是会计监督的基础，没有核算提供的各种信息，就无法进行监督，只有正确地核算，监督才有真实可靠的依据；会计监督是会计核算质量的保障，只有核算没有监督，就难以保证核算所提供信息的真实性、可靠性，就不能发挥会计应有的作用。

知识点2：现代会计职能的变化

会计的职能并不是一成不变的，它随着会计的出现以及发展的轨迹而逐渐产生和发展，它不仅反映出了会计工作的性质，而且为确定会计工作的范围和会计工作的目标提供了理论保证。随着互联网等信息化的发展，会计核算向自动化和智能化发展的趋势越来越明显，会计人员日常大量而繁重的工作逐渐被机器取代，会计人员从传统的纸质核算中解放出来，而传统的会计基本职能已发生了重大变化。一方面，会计的核算职能仍将存在，但快速而准确的计算机核算已大大减轻了会计人员的工作量；另一方面，会计工作越来越融入企业的经营管理之中，传统的监督职能已不能适应财务管理的基本要求，会计的监督职能已过渡到会计的管理职能。

所以，在互联网环境下，现代会计的基本职能已发生了根本变化，由传统会计的核算和监督职能转型为核算和管理职能。尽管核算仍是现代会计的基本职能，但由于信息技术的应用，自动化、智能化、数字化的网络技术核算代替了传统会计的纸质核算，会计人员从繁重的核算中得以解放，会计工作的重心已由核算转移至管理。两大基本职能中，核算是基础，管理是重点，因此现代会计既不是只顾算账的账房先生，也不是袖手旁观的"监工"，而是直接参与企业全方位、全流程的价值管理者。

知识点3：会计与财务

在传统意义上，学术界把会计分为财务会计和管理会计。财务会计以向企业外部提供会计信息为主，其工作侧重于会计核算；管理会计以向企业内部提供管理服务为主，其工作侧重于财务管理。而事实上，在企业实务中，企业财务部门同时都在履行会计核算和财务管理的职责，尤其是在企业经营业务与财务管理融合（即业财融合）的趋势下，会计核算与财务管理一体化的趋势也越发明显。

如今，传统会计正在向现代会计转型，会计工作的内容由最初的计量、记录、核算的核算会计，逐步向资源管理、经济预测、控制与评价经济活动、规划未来、参与决策等价值管理的管理会计过渡。

【任务清单1.2】 认知会计的职能

项目	任务内容
任务情境	假如你是"娃娃店"的会计王飞,通过对【知识储备】中会计职能的学习,你如何理解会计的基本职能?如何理解现代会计职能的变化?
任务目标	掌握会计的基本职能,了解会计职能变化的趋势。
任务实施	(1) 如何理解会计的基本职能? (2) 如何理解现代会计职能的变化? (3) 如何理解会计与财务之间的关系?
任务点拨	
任务总结	通过完成上述任务,你学到了哪些知识或技能?

任务 1.3　认知会计精神与会计行为

【学习情境】

万福生科全称万福生科（湖南）农业开发股份有限公司，于 2011 年 9 月在深圳证券交易所挂牌上市。2012 年 8 月，湖南证监局在对万福生科的例行检查中偶然发现两套账本，后经调查发现万福生科财务造假，上市前后共虚增营业利润 2 亿多元。最终万福生科被认定为欺诈发行股票和违法信息披露，万福生科的董事长和财务总监等相关人员被判刑入狱。

【学习目标】

认知理解会计精神与会计行为。

【知识储备】

知识点 1：会计精神

任何一种职业都需要有一种精神作为支撑，会计当然也不能例外，尤其是在互联网时代，塑造会计精神显得尤为重要。会计精神主要体现在以下几个方面：

（1）爱岗敬业精神

这里的爱岗敬业，是指作为会计人员，其中包括实际工作者和从事会计教育、研究的整个群体，这个群体中的所有人员都要热爱自己的职业和所从事的岗位，对这个职业和岗位要有敬畏之心。会计人员自己首先要热爱会计，通过自己的业绩、思想和行为去影响他人。

（2）职业道德精神

因为会计信息与信息使用者的利益紧密相关，且会计信息产生于有关法律、商业伦理、会计准则和会计制度等所构成的种种限制条件之下，所以，严守会计职业道德必须成为一种非常重要的职业精神。会计人员应始终遵守自己的职业道德，提供符合会计制度和会计准则的会计信息。同时，随着信息技术的发展，会计人员还要改变过去单纯的会计技术观点，在进行会计政策选择时，尽可能多地从职业道德方面进行思考。

（3）谨慎稳重精神

谨慎是会计原则体系中一个非常重要的原则，也是会计人员的一种非常重要的工作态度。会计原则体系包含着相互矛盾却又统一在一起的一个整体，其中谨慎原则就是对历史成本乃至真实性等的修正，因为在最坏的情况下，即歪曲应用时，它将导致会计信息完全失真，所以会计人员必须依靠职业道德、职业判断能力和其他原则的约束正确应用它。

（4）沟通协作精神

财务和会计工作都是在一个相当复杂的环境中进行的，是在由方方面面构成的关系网中完成的。能否理解和处理好这些关系，将在很大程度上决定财会工作的效率和质量。因此，财会人员要具备沟通协作精神，正确处理各种财务和会计关系。

知识点 2：会计行为

会计行为即提供会计信息的行为。从表面上看，会计行为主体主要是会计人员，其实作为会计行为直接主体的会计人员既非企业价值的创造者，又非剩余索取权的分享者。会计人员即使偏离或拒绝执行会计标准能使自己受益，但由此而获取的额外收益也远远不足以弥补所带来的潜在风险，因此抛开会计人员专业能力方面的原因，其理性选择必然是坚持原则，而不是放弃原则。事实上，最终真正起作用并影响企业会计行为选择的是企业经营者，因为企业经营者作为企业管理当局的主体，基于最大化自己期望效用和利益的目的，总是希望企业提供的会计信息能够带来更多的额外收益，也有足够的能力将这种要求传导给会计行为主体，对会计行为主体的理性选择施加影响。因此，企业经营者的行为决定和影响着会计主体的行为，从而影响着会计信息的质量。

【任务清单1.3】 认知会计精神与会计行为

项目	任务内容
任务情境	假如你是"娃娃店"的会计王飞,通过对【知识储备】中会计精神与会计行为的学习,你如何理解会计精神?如何理解会计行为?
任务目标	认知理解会计精神与会计行为。
任务实施	(1)你如何理解爱岗敬业精神? (2)你如何理解职业道德精神? (3)你如何理解谨慎稳重精神? (4)你如何理解沟通协作精神? (5)你如何理解会计行为?
任务点拨	（二维码）
任务总结	通过完成上述任务,你学到了哪些知识或技能?

任务 1.4 认知中小企业会计

【学习情境】

"娃娃店"的会计岗位如何设置？这要依照企业的具体情况来定，中小企业往往由于规模小，业务少，人员少，员工往往身兼数职，如会计人员既做账又兼做行政后勤工作。但"麻雀虽小，五脏俱全"，中小企业人员无论如何少，会计与出纳都不能由一人兼任，出纳人员不得兼管稽核、会计档案保管和收入、费用、债权债务账目的登记工作。

【学习目标】

了解中小企业会计核算的特点，理解中小企业会计核算的意义，认知中小企业会计工作。

【知识储备】

知识点 1：中小企业会计核算的特点

（1）中小企业规模小，业务单一，行业分散

中小企业的规模小主要体现在年营业额少，资金投入量不大，这与融资渠道有关，中小企业融资主要靠企业内部借款，银行的资金支持很有限。另外，中小企业很多，涉及门类齐全，但大多规模较小，因此只侧重于某一项产品或业务，很少多元化经营，业务流程相对单一。

（2）组织结构简单，会计人员体现"一岗多能""一专多能"的特点

中小企业部门及人员较少，核心管理人员仅有几个，财务管理人员体现"一岗多能""一专多能"的特点，组织结构多采用集权制，经营机构和内部组织机构较简单。

（3）结构灵活，创新能力强，工作效率高

与大企业相比，中小企业规模小，组织灵活，经营富有弹性，比大企业有更强的应变能力，但中小企业在经营规模、资金实力、政府的支持度等方面的竞争上处于劣势，形成了巨大的生存压力。

知识点 2：中小企业会计核算的意义

中小企业已经成为我国经济发展中不可忽视的一股力量，中小企业会计核算推动了会计人员管理体制的改革，提高了会计信息质量。中小企业在收益大于成本和重要性的约束条件之下，根据中小企业的实际情况，提供满足信息需求者要求的信息。我国中小

企业的会计信息使用者主要是企业主、债权人、政府主管部门，股东是次要的会计信息使用者。但不同利益相关者对会计信息的需求也不尽相同。由于受到规模成本的限制，对中小企业所提供的会计信息，不能像要求大公司那样严格，可以相对简明实用。因为中小企业的会计信息主要是提供给政府部门，所以真实可靠、合乎国家的相关规定就显得特别重要。

会计信息的可靠性是指能够确保会计信息免于错误和偏差，并能够忠实地反映它意欲反映的现象和状况的质量。会计信息如果不可靠，不仅无助于会计信息使用者进行决策，而且可能引起误导。会计信息合规性的构成要素应该是可验性和完整性，可验性是指会计信息必须是可以重复验证的，独立的会计人员对发生的经济业务使用相同的会计程序和方法进行验证。

【任务清单1.4】 认知中小企业会计

项目	任务内容
任务情境	假如你是"娃娃店"的会计王飞,通过对【知识储备】中关于中小企业会计核算特点及会计核算意义的学习,你能描述一下中小企业会计工作吗?
任务目标	了解中小企业会计核算的特点,认知中小企业会计工作。
任务实施	(1) 中小企业会计核算的特点有哪些? (2) 针对中小企业会计人员"一岗多能""一专多能"的要求,你如何提升自身业务素质? (3) 中小企业会计核算的意义体现在哪些方面?
任务点拨	
任务总结	通过完成上述任务,你学到了哪些知识或技能?

【思政之窗】

大禹（图1-1）治水的故事大家都耳熟能详了，但你知道，大禹就是我们会计的祖师爷吗？早在距今4 200多年前，做了天下大王的大禹已在中华大地上构建了最早的国家税赋制度，有了税赋制度，自然也就有了会计工作。

有一年，大禹召集天下诸侯在今浙江省绍兴市的会稽山（图1-2）（当初并不叫会稽山，而是叫茅山）召开了中国乃至世界历史上第一次会计大会。在这次大会上，大禹考评天下诸侯的业绩，按照业绩计功加爵，用今天的话来说，就是通过会计活动实施绩效考核，论功行赏。我们今天用的"会计"两个字正是从"会稽"而来的，对此，司马迁在《史记·夏本纪》中记载："禹会诸侯江南，计功而崩，因葬焉命曰会稽，会稽者，会计也。"会稽的会，意指综合计算；稽，意指稽核、审查；2 000多年前，孟子还对会计专门做了解释："会，总合计算；计，零星计算"。

会稽者，会计也。作为未来的会计从业者，我们应该了解中华文化和会计文明的起源，通过学习，既让我们坚信，大禹就是中国会计的始祖，会稽山就是中国会计的发源地，是世界会计文化的源头；同时，还增强了我们将来从事会计工作的自豪感和自信心。

图1-1　大禹

图1-2　会稽山

尽管大禹在4 000多年前就主持召开了人类历史上第一次会计大会，会稽山是事实上的世界会计文化源头，但你知道吗？就目前而言，我们国家的会计理论及其规则，除了"会计"名称之外，其余几乎都是来自欧美西方国家的"舶来品"，其根本原因是我们国家在世界会计领域的话语权仍然很低。如今，中美之间已在全方位展开竞争，世界大国之争归根结底就是规则之争，服务于经济社会的会计也是如此，虽然按照单一会计标准形成的会计信息是经济社会有效运行的基础，但会计绝不仅仅是对经济现象进行客观反映的信息系统，它更是企业组织中确定绩效衡量标准的权力子系统，代表着不同的社会政治结构。当不同国家的企业在同一市场上面对某一特定绩效标准展开竞争时，必然导致国家间权力格局和利益格局的调整，使得会计问题转化为国际政治问题。面对世界百年未有之大变局，为实现中华民族伟大复兴的中国梦，我们会计人有责任担当历史重任，探索和推动中国会计事业发展。

【故事启迪】

任正非怒批 PFC 裁员 1 100 人：这些都是 CEO 人选！

众所周知，华为集团总裁任正非很重视华为的财务团队，任总曾在多种场合下表达财务工作的重要性，"财务要融入业务之中，CFO（首席财务官）是接任 CEO（总经理）的最佳人选。"这是他多次强调的内容，但是，华为近几年裁了将近 1 100 个 PFC（项目财务经理），这令任总非常生气。2020 年 5 月 6 日，华为对外公开了任总在平台协调会上关于代表处 CFO 定位的讲话。图 1-3 为任总的讲话内容。

总裁办电子邮件

电邮讲话〔2020〕067 号　　　　　签发人：任正非

任正非在平台协调会上关于代表处 CFO 定位的讲话

2020 年 4 月 28 日

我从公司战略上如何培养财经人员说起。我们招聘大量的优秀员工，加入项目财务（PFC）的工作，是为了培养未来的接班人，PFC 在高潮时候曾达到 1 700 人，其中有大量外国名校毕业的博士、硕士，我正高兴过几年我们就具有提升财务专家、干部的资源基础了。突然几年前一阵寒风吹来，不知谁裁掉了 1 100 人，让我生气不已。不知是谁干了这事，心声上也不检讨，这种领导鼠目寸光。

PFC 在公司有什么作用？这些高智商的财经人员，进入项目后，就开始懂业务，知道华为是干什么的、怎么干、怎么样才能干好。 从核算开始，经过预算、计划、项目管理，垫好人生的第一块砖。有部分适合作财务的业务人员，在基层熟悉财务后，也可以混合进这种队列。当年我从非洲带回李×，就是做一个榜样，后来官升大了，甩耙子、摆挑子、自暴自弃，被淘汰，不在此话。我们要心胸宽广一些，容得下一切人。

PFC 做得好后，一二年后可以做到大项目 CFO 或小项目 CEO，真正弄懂弄明白基层的具体工作，怎么干、怎样干、怎么把它做好。将来升至机关，不至于是"空军司令"。项目 CFO 是跟着 PD 跑的，要容易一些；小 CEO 要难一些，对他们是挑战，从项目生成、如何组合资源、解决方案的先进性、如何适配现存网络、如何工程分包、如何验收……报告怎么写，经过一次洗礼，你将终生难忘。以后即使当了"空军司令"，也能接地气。

公司为什么管理队伍这么庞大？会议这么多、又这么长，而且又议而不决，就是因为会议主持人没有实践经验、心中无数、能力太低，所以不能担责；发出去的文件又不符合实际，给一线增加负担，这些都是没有一线实践经验造成的。**我们的 PFC 螺旋式上升，优秀的逐渐走上管理岗位。基层 CFO 将来可以接替机关一些重要岗位的工作。**

当这些优秀人员升入作战 CFO，他们的涉及面更广、更难，也最锻炼人。他们主要是作战 CEO 的助手，在共同的目标下，捆绑在了一起，对项目有更多的感受。在 CEO 受"伤"的关键时刻，CFO 就能立即替代指挥，作战 CFO 应该在全业务、全方位、全时段都是明白人。所有基层财经人员的成长，都是功夫在诗外，一定要借助这段时间真正地熟悉广谱的业务，成为"万金油"，真正的"万金油"。年纪轻轻就拥有了实战经验，终身享用不完。

平台 CFO 没有经过 PFC、作战 CFO 成功历程的人要补课，要利用休息时间下去，一门一门地补起来，你说你懂交付了，我们考你采购、考你工程如何分包；你懂工程了，考你法务、公共关系、合规管理；中央集权的工作随时接受例行检查。在你所协调的范围内，你都要成为"半坛子"专家，不然你如何协调得了呢？平台 CFO 虽然是"万金油"，但若没有真知灼见，如何指挥得了联勤保障。平台 CFO 要具有 CEO 的能力，没有的赶快补，一年有 104 个周末，抽一些去学习。有人说我要休息，那你就把官位让给别人吧，有的是人愿意冲锋。HR 也是一样，要成为内行，在业务上要成为半个专家。

平台 CFO 在改革过程中，公司一直有争议，我们必须做好这件工作。不合适的，要从战略预备队的优秀学员中选拔替换，同样要经历我前面讲过的资历学习、考验。这个角色的要求我一点都不妥协。为了胜利，必须逼你们，你们不努力去补课，就换人。换下来的人不一定不好，但改革一定要成功，我们输不起，不会因迁就一些人毁了改革大局。在岗位就要努力去实现自己的责任，失去机会，什么时候再来，天上不会掉下来一个林妹妹。

财经人员只有经过这种螺旋循环，将来才能接管机关。 从机关开始，除了对职员不考试外。干部、专家都要通过战略预备的电子考试，实践考核，每三年循环考一次。

报送：董事会成员、监事会成员
主送：全体员工

2020 年 5 月 6 日

图 1-3　任总讲话内容

PFC（Project Financial Contoller）即项目财务经理，是协助项目经理进行项目经营管理的财务角色，支撑的项目经营活动包括概算、预算、核算、预测和决算等。PFC 就是连接财务和业务之间的纽带，体现了业财融合趋势下现代会计的转型，任总曾说："我认为首席财务官是公司的大管家，我想没有任何一件事情是你不可以管的。"他多次强调："什么是称职的 CFO？是 CEO 下台，CFO 可以随时接任 CEO，这样的 CFO 才是我们希望看到的合格的 CFO。"

拓展练习

一、单选题

1. 我们所使用的"会计"一词，是由（　　）演变而来的。
   A. 会计　　　　　　B. 汇计　　　　　　C. 会稽　　　　　　D. 计算
2. 会计具有（　　）的基本职能。
   A. 记录和分析　　　　　　　　　　　B. 核算和监督
   C. 计算和考核　　　　　　　　　　　D. 核算和管理
3. 下列不属于会计核算职能的是（　　）。
   A. 审查经济活动是否违背内控制度或是否合法
   B. 确认经济活动是否应该或能够进行会计处理
   C. 记录经济活动的内容
   D. 通过编制财务报告的形式向有关方面和人员提供会计信息
4. 以下不属于会计精神的是（　　）。
   A. 爱岗敬业精神　　　　　　　　　　B. 职业道德精神
   C. 谨慎稳重精神　　　　　　　　　　D. 会计行为
5. 以下属于中小企业会计核算特点的是（　　）。
   A. 结构稳定，工作程序化要求强
   B. 组织结构简单，会计人员体现"一岗多能""一专多能"
   C. 业务分散且业务量大，企业扩张迅速
   D. 职责分明，各尽其职，各负其责

二、多选题

1. 下列关于会计核算和会计监督之间关系的说法，正确的有（　　）。
   A. 会计核算是会计监督的基础
   B. 会计监督是会计核算的保障
   C. 两者之间存在着相辅相成、辩证统一的关系
   D. 会计监督是会计核算的前提和基础，会计监督是对会计核算的实现
2. 会计精神主要体现在（　　）等方面。
   A. 爱岗敬业精神　　　　　　　　　　B. 实事求是精神
   C. 职业道德精神　　　　　　　　　　D. 谨慎稳重精神
3. 下列关于中小企业会计核算特点的说法，正确的有（　　）。
   A. 结构稳定，工作程序化要求强
   B. 规模小，业务单一，行业分散
   C. 组织结构简单，会计人员体现"一岗多能""一专多能"的特点
   D. 结构灵活，创新能力强，工作效率高
4. 中小企业会计信息的使用者有（　　）。
   A. 企业主　　　　　B. 债权人　　　　　C. 政府主管部门　　　　D. 股东

5. 下列选项可以作为会计核算主体的有（   ）。
   A. 企业的事业部　　　　　　　B. 分公司
   C. 企业集团　　　　　　　　　D. 销售部门或生产车间

三、判断题

1. 我国会计法规中地位最高的法律是《会计法》。（   ）
2. 《会计法》是由全国人民代表大会颁布的。（   ）
3. 中小企业会计核算实行《企业会计准则》。（   ）
4. 会计能核算企业所有的经济活动。（   ）
5. 会计的职能是会计本质的体现，是会计在经济管理中所固有的功能，会计职能不会随着时间和环境发生改变。（   ）

四、业务操作题

临近20××年年底，A公司产销两旺，会计小王预测公司将实现利润总额达2 000多万元，乐滋滋地向老板报告公司的盈利状况，老板高兴之余了解到公司还得上交500多万元的企业所得税，就让小王规划公司账务，并说："实在不行，可以对会计报表做一些技术处理。"小王内心清楚，2 000多万元的利润已难降低，要遵照老板的意图，只能在会计报表上做手脚。小王感到左右为难，如果不按照老板的意思办，自己在公司的饭碗难保；而如果按照老板的意思办，则自己有违《会计法》和会计职业道德。为此，小王思想压力很大，不知如何是好。

要求：根据会计精神要求，分析会计小王应该如何处理。

【画龙点睛】

请扫码查看对拓展练习进行的点拨。

认知中小企业会计核算的基本流程

 知识目标

- 熟悉资产负债表、利润表的内容和作用；
- 掌握会计六大要素之间的关系；
- 熟悉企业设立的基本程序；
- 熟悉中小企业会计核算的基本流程。

技能目标

- 能够熟知"资产=负债+所有者权益""利润=收入−费用"两大会计恒等式；
- 能够填制和解释家庭资产负债表、家庭利润表；
- 能够解释中小企业会计核算的基本流程。

素质目标

- 培养学生基于生活事例理解会计报表的能力；
- 培养学生基于中小企业设立程序从事会计活动的能力；
- 培养学生设计中小企业会计核算流程的能力。

项目 2　认知中小企业会计核算的基本流程

 知识串联

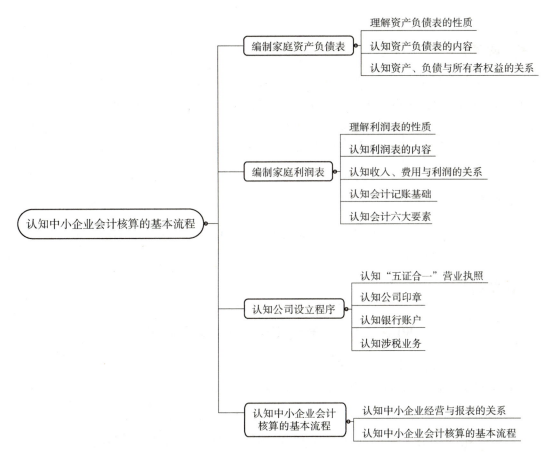

任务 2.1 编制家庭资产负债表

【学习情境】

会计报表是会计工作的成果,那么,会计报表是怎么来的呢?为了更直观地了解会计报表的编制过程,我们现在从一个普通的家庭开始,共同来学习生活中会计报表的编制,我们先从最基本的报表——家庭资产负债表开始。事实上,资产负债表是"面子工程",为什么把资产负债表称为"面子工程"呢?带着这个问题,我们来共同学习和编制家庭资产负债表。

【学习目标】

通过学习编制家庭资产负债表,了解资产负债表的基本结构,掌握会计恒等式:资产 = 负债+所有者权益。

【知识储备】

知识点 1:资产负债表是一张静态报表

资产负债表就像一张照片,是一张静态报表,反映的是某一时点的财务状况。这个时点是指如 8 月 1 日、8 月 31 日,甚至也可以说 8 月 31 日 12 时 0 分 0 秒,但不能说 1 月份。

知识点 2:资产负债表反映的是某一特定时点的财务状况

资产负债表反映的是某一特定时点的财务状况,比如对小刘家的资产负债表来说,它反映的是小刘家特定时点(8 月 31 日)的财务状况。财务状况包括三部分:
①是指小刘家拥有什么资产;
②是指小刘家承担了多少债务;
③是指小刘家拥有多少股东权益(也叫所有者权益)。

知识点 3:会计恒等式:资产=负债+所有者权益

资产负债表由两方面来反映,这就像硬币的正反两面一样,左边反映的是资产,即有什么东西,右边反映的是负债和所有者权益,即这些东西从哪里来。所以,资产负债表左边的资产与右边的负债和所有者权益的合计是恒等的,即资产=负债+所有者权益。资产负债表是按照一定的结构排列的,左边的资产从上往下按流动性大小排列;右边的负债从上往下按清偿时间先后顺序排列,排在负债之后的所有者权益按照先后顺序排列。

【任务清单2.1】 编制家庭资产负债表

项目	任务内容
任务情境	小刘与小张夫妇是普通的一家人（以下统称小刘家），为了分析小刘家的资产状况，20××年8月31日，小刘对其家庭资产进行了盘点，具体状况如下： 1. 小刘家的资产 　■20××年8月31日，小刘家的资产盘点清单： 　　◆存款：15万元 　　◆股票：25万元 　　◆生活物品：10万元 　　◆房产：150万元 　■合计：200万元——资产 2. 资产的来源 　　◆银行按揭：80万元 　　◆结婚时双方出资：刘方60万元，张方40万元 　　◆家庭收入结余：20万元 　■合计：200万元——权益（负债+所有者权益）
任务目标	编制小刘家的资产负债表。
任务实施	（1）资产是如何排列的？ （2）负债及所有者权益是如何排列的？ （3）资产如何计算？ （4）负债如何计算？ （5）所有者权益如何计算？

续表

项目	任务内容
任务点拨	（二维码）
任务总结	通过完成上述任务，你学到了哪些知识或技能？

任务 2.2　编制家庭利润表

【学习情境】

为了更直观地了解会计报表的编制过程，我们继续从一个普通家庭开始，共同来学习在生活中如何编制会计报表。通过上一个任务编制家庭资产负债表的学习，我们了解了小刘家的资产负债表这一"面子工程"，下面我们通过分析小刘家20××年8月的家庭成果，探讨小刘家的"里子工程"——利润表。

【学习目标】

通过学习编制家庭利润表，了解利润表的基本结构，掌握会计恒等式：利润＝收入－费用。

【知识储备】

知识点 1：利润表是一张动态报表

利润表就像一段视频录像，是一张动态报表，反映的是一定期间的经营成果。这个期间是指如1个月、1个季度、1年等，甚至也可以说是11月11日0时0分0秒—11月11日1时0分0秒，但不能说8月31日。

知识点 2：利润表反映的是一定期间的经营成果

利润表反映的是一定期间的经营成果，是赚钱还是亏钱，会计术语叫作盈利或者亏损，利润表反映的就是这个盈利或者亏损，在报表上，盈利用正数表示，亏损用负数表示，利润表反映的就是盈亏成果，即经营成果。

知识点 3：会计恒等式：利润＝收入－费用

利润表反映了利润＝收入－费用的过程，其中收入与费用是相匹配的。利润表反映的不仅仅是结果，还反映了收入－费用的整个过程，不能撇开收入谈费用，也不能撇开费用谈收入。

知识点 4：记账基础：权责发生制

记账基础包括收付实现制和权责发生制，企业会计的记账基础是权责发生制。关于收付实现制，我们比较容易理解，它类似于我们很多家庭的流水账，收入了多少，支出了多少，在收入或支出时直接相加减就算出了利润。权责发生制的概念是：凡是当期已经实现的收入和已经发生或应当负担的费用，不论款项是否收付，都应当作为当期的收入和费用；凡是不属于当期的收入和费用，即使款项已在当期收付，也不应当作为当期的收入和费用。

知识点 5：会计六大要素

会计共有六大要素，其中资产负债表中包含三个要素，分别是资产、负债和所有者权益，资产=负债+所有者权益；利润表中包含三个要素，分别是收入、费用和利润，利润=收入−费用。

【任务清单2.2】 编制家庭利润表

项目	任务内容
任务情境	为了分析小刘家的家庭成果，20××年8月，小刘对其家庭一个月以来的收支进行了详细登记，请编制小刘家的利润表。
任务目标	20××年8月，小刘家一个月以来的收支具体内容如下： ■20××年8月，小刘家收入支出状况如下： ◆工资：1.5万元 ◆日常开支：0.3万元 ◆与朋友投资入股：0.8万元 ◆向朋友借款：0.2万元 ◆支付按揭款：0.7万元（其中0.5万元本金，0.2万元利息）
任务实施	(1) 如何确定当期的收入？ (2) 如何确定当期的费用？ (3) 当期利润如何计算？ (4) 会计六大要素之间有什么关系？
任务点拨	
任务总结	通过完成上述任务，你学到了哪些知识或技能？

任务 2.3　认知公司设立程序

【学习情境】

会计系学生陈亦旺联合室友王飞、刘晓珂创业，决定开设一家公司——专营抓布娃娃的"娃娃店"，公司注册资本金10万元，3人的出资为：陈亦旺（经理）6万元，王飞（会计）2万元，刘晓珂（出纳）2万元。经登记机构预先核准的公司名称为杭州娃娃乐玩艺有限公司。开业在即，公司设立的工作落在了会计王飞身上。会计王飞该如何开展下一步的工作呢？

【学习目标】

了解营业执照的申领，熟悉银行预留印鉴的管理，熟悉银行开户和网上银行操作流程，熟悉办税流程。

【知识储备】

知识点1：申领"五证合一"营业执照

企业要经营，首先应申领营业执照。现在的营业执照是"五证合一"的营业执照，所谓"五证合一"，是指原来分别申请领取五个证照，而现在只需一个证照就可以了。原来的"五证"分别指的是到工商局领取的工商营业执照、到质监局领取的组织机构代码证、到税务局领取的税务登记证、到人力资源和社会保障局领取的社会保险登记证和到统计局领取的统计证，"五证合一"为企业带来了很大的便利。"五证合一"后，企业证照代码统一采用社会信用代码，统一社会信用代码由18位数字或字母组成，就像我们每个人的身份证一样，它是企业的"数字身份证"。

营业执照上的登记日期就是企业的法定开业日期，所谓法定开业日期，就是法律意义上的开业日期，这个法定日期与企业实际开业日期往往不一致。原因是，对于一个新办企业来说，从领取营业执照到正式开业还要一段时间的筹备期，法定开业日期说明企业一旦领取了营业执照，就有了开展业务的资格。

新公司注册申请的流程如下：

（1）核准公司名称

公司名称只有通过市场监管部门——市场监督管理局核准了才可以使用，名称核准可以通过市场监督管理局网站核准，也可以到市场监督管理局现场核准。

（2）提交资料

现在政府为了提高为企业办事的效率，统一在政府行政服务中心受理企业相关事务，政府行政服务中心的市场监管登记窗口收到申请人的申请资料后，经审核，申请资料齐全并符合法定形式的,应向申请人出具《"五证合一"受理通知书》,并及时将相关申请信息录入企业注册登记系统,进入联合审批流程。

(3) 审核

市场监管登记窗口在承诺时间内完成营业执照审批手续后,将申请资料和营业执照信息传至"五证合一"系统平台,税务、统计和人力社保等部门收到平台推送的申请资料后,在承诺的时间内分别办理相关手续。

(4) 发证

申请人凭《"五证合一"受理通知书》或有效证件到综合窗口领取"五证合一"营业执照(图2-1)。

图 2-1 营业执照

知识点 2：刻制公司印章

公司注册完成后，要开展后续的业务，就需要相应的印章，文件加盖相应的印章相当于签字，是一个公司特有的法律效力文件。公司需要刻制的印章主要有公章、财务专用章、合同专用章、发票专用章、法人代表章。

（1）公章

公章用于公司对外处置事务，如以企业名义对外发文、开具介绍信、报送报表等一律需要加盖公司公章。公章的法律效能范围最大，如果公司没有合同专用章，能够用公章替代。公章的形状为圆形，如图 2-2 所示。刻制公司公章，凭公司营业执照到公司所在地县级以上公安机关办理备案手续，到公安机关指定的刻字厂或刻字店刻制公章。

图 2-2　公章

（2）财务专用章

财务专用章用于公司的财务会计业务，如公司票据、支票等在出具时需要加盖财务专用章。财务专用章的形状有正方形、圆形、椭圆形三种，如图 2-3 所示。浙江企业一般的财务专用章为正方形。

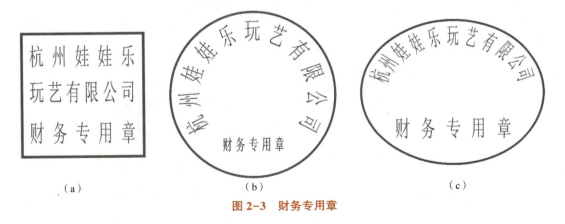

图 2-3　财务专用章

（3）合同专用章

通常在公司签署合同时需要加盖合同专用章。公司的合同专用章为圆形，如图 2-4 所示。

图 2-4　合同专用章

(4) 发票专用章

在公司开具发票时需要加盖发票专用章。发票专用章的形状为椭圆形，发票专用章中间有纳税人的统一社会信用代码，如图 2-5 所示。

图 2-5　发票专用章

(5) 法人代表章

法人代表章是公司法定代表人的人名签章，一般用于特定的用处，如公司在签署合同时，合同条款约定加盖合同专用章及法人代表章，就需要加盖法人代表章；通常情况下，财务专用章与法人代表章一起组成银行预留印鉴，如图 2-6 所示。

(a)

(b)

图 2-6　法人代表章

印章对公司意义重大，对印章的管理是一个公司日常管理中非常重要的一项。公司必须建立严格的印章管理制度，指定专人管理相应的印章，使用印章的人必须经过履行授权程序才可以使用印章。一般情况下，公司公章由公司的行政管理部门保管，行政管理部门在不同的公司可能有不同的叫法，如公司办公室、综合部、总经办或总裁办等；合同专用章由法务部门、办公室、业务部门或财务部保管；财务专用章及法人代表章、发票专用章都由财务部保管，银行印鉴章，也就是财务专用章和法人代表章不能由一个人来保管，一般情况下，财务负责人保管财务专用章，出纳员保管法人代表章。

知识点3：开设银行账户

公司完成注册并刻制完主要印章后，就需要预约银行为公司开设相应的银行存款账户，以便于公司资金的收入、支出和资金管理。

银行存款账户分为基本存款账户、一般存款账户、临时存款账户和专用存款账户，公司经常涉及的存款账户是基本存款账户和一般存款账户。基本存款账户，就是我们日常所说的基本户，是公司办理日常转账结算和现金收付的主要账户，公司的基本存款账户只能开设一个，可以用来提取现金、发放工资、转账等；一般存款账户，是指公司因结算或借款需要，在基本户开户银行以外的银行开立的银行结算账户，一般存款账户只能在基本户开设之后设立，可以办理转账结算和现金缴存业务，但不能通过此账户提取现金。

（1）银行账户开设流程

基本户和一般存款账户都是企业经常使用的银行账户，但开设一般存款账户的前提是要先有基本户。开设银行账户需提供开户资料，如"五证合一"的营业执照、公章、财务专用章、法人代表章、法人代表身份证等。公司在银行开户时需要在银行预留印鉴，也就是财务专用章和法人代表章，印鉴要盖在一张卡片纸上，留存在银行里，银行通过电子扫描上传至银行内部网络共享系统，当公司需要通过支票、汇票等结算方式对外支付时，先填写支付申请，公司申请必须盖上银行预留印鉴，银行经过核对，确认对外支付申请上的印鉴与银行预留印鉴相符，才可以为企业进行支付。

（2）网上银行开通流程

在互联网时代，网上银行已成为公司必不可少的支付工具，公司要使用网上银行，在开通银行账户的基础上还需要相应地申请开通网上银行，网上银行开通流程如下：

①网上银行开户。

公司只有在银行开设了存款账户，才可以申请网上银行开户，公司填写网上银行企业用户开户申请后，携带申请表、经办人身份证等资料，到开户行办理网上银行开户。（加盖公章及预留银行印鉴），开户行根据公司提交的申请表中经办人的权限，设置管理员和操作员，并为公司下载客户证书并提供密钥。

②网银激活。

公司管理员或操作员登录网银，通过输入网银激活码，激活网上银行服务。管理员或操作员首次登录网银，需重置登录密码方能正式使用网上银行各项服务。

③网银权限管理。

公司网上银行权限按照出纳制单、会计复核模式两级权限进行管理。出纳配备具有基本权限的网银密钥，持有此网银密钥可随时上网查询账户状况，包括日常交易明细、时点余额等详细信息，提交办理收支结算指令；会计配备具有复核权限的网银密钥，会计必须对网上银行收支结算指令进行复核，查询网上银行收付记录，做到有效复核和监督。

知识点4：办理涉税业务

领取营业执照后，公司需要办理以下涉税业务：

（1）会计制度备案

公司领取"五证合一"的营业执照后，应在15日内将其会计制度报送主管税务机关备案。

（2）银行账号报告

在开立存款账户之日起15日内，公司要向主管税务机关报告全部银行账号。

（3）税款划款协议

公司办理银行划缴税款，需要签署纳税人、税务局和银行之间的三方协议，纳税人完成纳税申报后，税款可从银行直接划转国库。

（4）增值税纳税人资格登记

增值税是以商品在流转过程中产生的增值额作为计税依据而征收的一种流转税，它是我国主体税种。根据纳税人的资格，增值税纳税人分为一般纳税人和小规模纳税人。

【任务清单2.3】 认知公司设立程序

项目	任务内容
任务情境	假如你是"娃娃店"的会计王飞,通过对【知识储备】中公司设立程序的学习,你该如何为"娃娃店"申领营业执照呢?
任务目标	熟悉申领营业执照的流程。
任务实施	（1）申领营业执照的程序有哪些? （2）公司印章如何管理? （3）开通网上银行有哪些流程? （4）公司注册前后如何办理涉税业务?
任务点拨	
任务总结	通过完成上述任务,你学到了哪些知识或技能?

任务 2.4 认知中小企业会计核算的基本流程

【学习情境】

会计就是企业的导航仪,为什么呢?首先我们来看看,人类交通工具的发展,最初是马车(图 2-7),驾驶马车需要驾驶技术,但不需要仪表;后来,有了汽车(图 2-8),驾驶汽车需要技术,但汽车逐渐有了仪表,仪表的作用也开始显现;再后来,有了飞机(图 2-9),尽管飞行员需要更高的驾驶技术,但飞行员却离不开仪表。

图 2-7 马车

图 2-8 汽车

图 2-9 飞机

同样,对于一个企业,如果经济业务量很少,比如每月就几张发票,靠记忆、流水账就可以解决问题,但随着业务量的增大,单靠脑袋记忆或者流水账显然不行,这个时候,就要把经济业务进行分类、汇总,于是就有了记账凭证,有了明细账、总账,最后产生了财务报表(图 2-10)。

飞机的仪表能够提供飞机是否安全飞行的基本信息;同样,会计的财务报表也能够提供企业是否安全运行的基本信息,如图 2-11 所示。

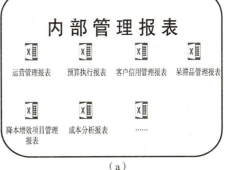

图 2-10 财务报表

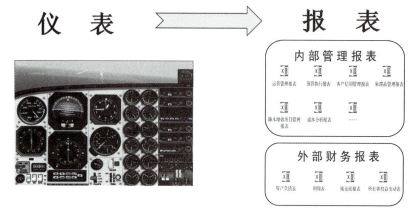

图 2-11 仪表—报表

【学习目标】

了解中小企业经济活动与会计核算的关系，熟悉中小企业会计核算的基本流程。

【知识储备】

知识点 1：中小企业的经济活动与报表

企业的财务成果最终要靠财务报告反映出来，而这些财务成果是由当初企业的经济活动引起的。

（1）三大经济活动

企业有三大经济活动，分别是融资、投资和经营。融资，就是筹集资金，包括内部融资［对内的股东（投资人）］和外部融资（对外的债权人）；投资，包括对内购买设备、厂房等固定资产的投资，对外收购企业、购买股票、债券等的投资；经营，就是指日常的商品买卖等活动。

（2）六大会计要素

会计工作就是将企业的投资、融资和经营这三大经济活动进行分类，分成资产、负债、所有者权益、收入、费用和利润六个要素，然后按照会计语言编制会计记账凭证，记明细账和总账，最后编制报表。

（3）两大会计报表

企业会计报表包括对内的管理报表和对外的财务报告，对外的财务报告包括四张报表及附注说明，但对中小企业而言，最重要的对外会计报表为资产负债表和利润表。

通过对前面内容的学习，我们知道六大会计要素与中小企业两大会计报表的对应关系分别为：资产、负债和所有者权益对应资产负债表，且其会计等式为：资产＝负债+所有者权益；收入、费用和利润对应利润表，且其会计等式为：利润＝收入－费用，如

图 2-12 所示。(关于会计六大要素的具体内容及资产负债表和利润表的编制，后续课程会详细介绍)

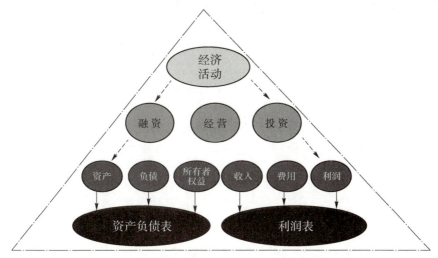

图 2-12　六大会计要素与两大会计报表的对应关系

知识点 2：中小企业会计核算的基本流程

会计报表是从哪里来的呢？首先，会计要获得企业经济业务的凭证，比如发票、合同、出库单，等等，会计人员对这些单据进行分类，根据不同的类别按照会计的特定方法编制会计记账凭证，然后，再把会计记账凭证的内容一笔一笔地记录到账本里，这就是明细分类账，简称明细账，再然后，将明细账进行汇总，得到总分类账，简称总账，最后，根据总账和明细账做出会计报表（简称报表）。因此，中小企业会计核算的基本流程为：原始凭证→记账凭证→明细分类账→总分类账→会计报表，如图 2-13 所示。

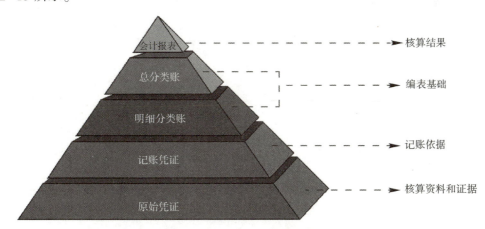

图 2-13　中小企业会计核算的基本流程

具体而言，中小企业会计核算的基本流程大致包括以下 4 个部分：

（1）收集与整理原始凭证

原始凭证可以是从外部取得的票据，如发票等，也可以是企业内部的单据，如工资表等。这些原始凭证是会计核算的资料和证据，是核算的基础。

（2）填制与审核记账凭证

记账凭证是根据原始凭证填制的，经过审核的记账凭证成为会计记账的依据。

（3）登记明细账和总账

明细账和总账都是根据记账凭证登记的，它们又是编制报表的基础。

（4）得出会计报表

会计报表是会计核算的结果，它们是由明细账和总账得出来的。

【任务清单2.4】 认知中小企业会计核算的基本流程

项目	任务内容
任务情境	假如你是"娃娃店"的会计王飞,通过对【知识储备】中中小企业会计核算的基本流程的学习,你该如何设计和制定"娃娃店"的会计核算流程呢?
任务目标	设计和制定"娃娃店"的会计核算流程。
任务实施	(1) 原始凭证在企业内部如何流转和控制? (2) 原始凭证由谁收集和整理? (3) 记账凭证由谁负责填制与审核? (4) 明细账、总账由谁负责? (5) 报表由谁编制?向谁报送?
任务点拨	
任务总结	通过完成上述任务,你学到了哪些知识或技能?

【思政之窗】

优秀的会计人员必须具有积极向上的会计精神和良好的会计行为,这是优秀会计职业人格的核心。积极向上的会计精神和良好的会计行为可以用 5 个字来概括,即"情""诚""精""细""勤"。

(1)"情"

热爱本职工作,对自己的工作赋予极大的兴趣和热情。对从事的会计职业有正确的认识和恭敬的态度,做到情系岗位、情系职责、情系客户、情系事业;以真情对待职业、以感情对待客户、以实情对待细节、以激情对待未来、以严肃恭敬和饱含热爱的态度对待会计工作的每一天。

(2)"诚"

会计必须做到以诚待人,做老实人,说老实话,办老实事;会计工作必须实事求是,会计活动必须讲求信用,每一笔会计业务都要做到数据要真实、计算要准确、信息要可靠、做事讲信用、承诺要信守。

(3)"精"

优秀的会计应当非常熟悉国家的财经法律、法规、规章制度和方针,熟练掌握并应用会计准则和相关政策,精通会计业务的知识,熟练掌握会计方法和操作技能,在小的企业中更要做到一人多岗、一岗多能、一专多能,每一笔会计业务都要做到精细(心)、精准(确)、精进(取)、精制(做),精益求精是优秀会计的基本职业素质。

(4)"细"

会计业务每一步都是环环相扣的,不容有一丝差错,每一笔经济业务都需经历耐心细致的打造过程,要反复检查,严谨细致;要细致入微地做好每一张报表和每一笔核算,关键环节更要注重细节,这既是会计的职业态度,也是会计的职业追求。

(5)"勤"

勤奋实干,以工作为重,做到"四勤四多",即脑勤多想、耳勤多听、手勤多写、腿勤多跑;要勤奋学习,有强烈的求知欲,向理论学习,向专业知识学习,在当今信息化时代更要把握行业发展动向,在转型和提升中不断提高业务能力,时时处处站在行业发展前端。

【故事启迪】

将脑袋打开 1 毫米

美国有一家生产牙膏的公司，产品优良，包装精美，深受广大消费者的喜爱，每年营业额蒸蒸日上。记录显示，前十年每年的营业增长率为 10%~20%，令董事长雀跃万分。不过，业绩进入第 11 年、第 12 年及第 13 年时，则停滞下来，每个月维持同样的数字。董事长对最近三年的业绩表现感到不满，便召开全国经理级高层会议，以商讨对策。

会议中，有一名年轻经理站起来，对董事长说："我手中有张纸，纸里有个建议，若您要使用我的建议，必须另付我 5 万美元！"

董事长听了很生气地说："我每个月都支付你工资，另有分红、奖励，现在叫你来开会讨论，你还要另外要求 5 万美元，太过分啦！"

年轻的经理解释："董事长，请别误会。您支付的工资，让我在平时卖力地为公司工作；但是，这是一个重大又有价值的建议，您应该支付我额外的奖励。若我的建议行不通，您可以将它丢掉，一分钱也不必付。但是，不看我的建议，您损失的必定不只 5 万美元。"

"好！我就看看它为何值这么多钱！"董事长看过那张纸后，马上签了一张 5 万美元的支票给那位年轻经理。而那张纸上只写了一句话："将现在的牙膏开口扩大 1 毫米。"

董事长采纳了那位经理的建议，马上下令更换新的包装。试想，每天早上，每个消费者多用 1 毫米的牙膏，每天牙膏的消费量将会多出多少倍呢？事实上，这个决定，使该公司第 14 年的营业额增加了 32%。

一个小小的改变，往往会引起意料不到的效果。当我们面对新知识、新事物或新创意时，千万别将脑袋封闭，置之于后，应该将脑袋打开 1 毫米，接受新知识、新事物。也许一个新的创见，能让我们从中获得不少启示，从而改进业绩，改善生活，你说对不对？

——脑洞大开，就让我们从学习会计知识开始吧！

拓展练习

一、单选题

1. 在资产负债表中，左边的资产等于右边的（　　）与所在者权益之和。
   A. 总资产　　　　　B. 流动资产　　　　　C. 债务　　　　　D. 负债
2. 某企业的资产总额为 180 万元，负债为 80 万元，企业收到投资者追加的投资款 10 万元后，企业所有者权益总额为（　　）万元。
   A. 105　　　　　　B. 110　　　　　　　C. 100　　　　　　D. 120
3. 下列各项中，属于反映企业经营成果的会计要素是（　　）。
   A. 资产　　　　　　B. 收入　　　　　　C. 负债　　　　　　D. 所有者权益
4. 利润表中的会计等式是（　　）。
   A. 收入＝费用－利润　　　　　　　　　B. 收入＋费用＝利润
   C. 利润＝收入－费用　　　　　　　　　D. 利润＝收入－支出
5. 以下不属于中小企业会计核算的基本流程的是（　　）。
   A. 审核原始凭证　　　　　　　　　　　B. 编制财务预算
   C. 编制会计报表　　　　　　　　　　　D. 编制记账凭证

二、多选题

1. 资产负债表中的会计要素有（　　）。
   A. 资产　　　　　　B. 负债　　　　　　C. 所有者权益　　　D. 收入
2. 利润表中的会计要素有（　　）。
   A. 资产　　　　　　B. 收入　　　　　　C. 费用　　　　　　D. 利润
3. 资产负债表和利润表中的会计等式有（　　）。
   A. 资产＝负债＋所有者权益　　　　　　B. 负债＝资产＋所有者权益
   C. 利润＝收入－费用　　　　　　　　　D. 收入＝利润－费用
4. 下列关于资产负债表的说法，错误的有（　　）。
   A. 资产负债表是反映一段时期的财务状况的报表
   B. 资产负债表是特定时点的财务状况的报表
   C. 资产负债表中左边的资产项目排列顺序是按照价值大小进行的
   D. 资产负债表中的负债要排在所有者权益之后
5. 下列关于利润表的说法，错误的有（　　）。
   A. 利润表的编制是以收付实现制为基础的
   B. 利润表中反映的收入，说明货款已经收到
   C. 利润表反映的是一段期间的经营成果
   D. 利润表比资产负债表更重要

三、判断题

1. 资产负债表中反映资产 100 万元，说明企业有净资产 100 万元。　　　　（　　）
2. 中小企业的会计报表就是资产负债表和利润表。　　　　　　　　　　　（　　）
3. 资产负债表是动态报表。　　　　　　　　　　　　　　　　　　　　　（　　）

4. 利润表是动态报表。（　　）

5. 既然手工做账已被计算机取代，会计专业的学生就不需要再学习会计核算了。
（　　）

四、业务操作题

小刘花 50 万元投资了一间商铺，买了两个月，觉得位置太偏，以 51 万元的价格卖掉，又以 52 万元的价格买下另一间商铺，没过多久，还是觉得不太理想，又以 53 万元的价格卖掉，最后又以 55 万元买下位置更好的一间商铺（图 2-14）。小刘在买卖商铺的过程中，是赚了还是赔了？赚了或赔了多少？（提示：在计算盈亏的过程中，要考虑相关影响因素，做出相应假设）

图 2-14　商铺

【画龙点睛】

请扫码查看对拓展练习进行的点拨。

项目 3

传统账务处理

知识目标

- 熟悉收缴资本金的程序;
- 理解会计基本假设、借贷记账法等会计基本知识;
- 熟悉填制记账凭证的程序和方法;
- 熟悉填制会计账簿的方法;
- 熟悉填制会计报表的方法。

技能目标

- 能够开具收款收据;
- 能够填制简单的会计记账凭证;
- 能够登记简单的纸质会计账簿;
- 能够编制简单的纸质会计报表。

素质目标

- 培养学生基于出纳岗位要求的资金管理能力;
- 培养学生对会计记账凭证的处理能力;
- 培养学生登记纸质会计账簿的能力;
- 培养学生理解和编制简单纸质会计报表的能力。

 知识串联

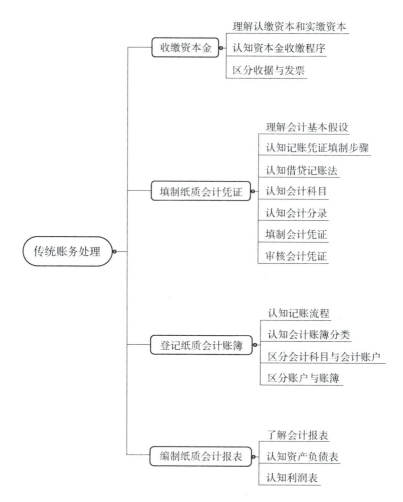

任务 3.1 收缴资本金

【学习情境】

会计系学生陈亦旺、王飞、刘晓珂本打算以 10 万元资本金开设"娃娃店",而且在没有缴纳资本金的情况下就已申领了营业执照,营业执照上显示公司注册资本金 10 万元,但现在他们只凑齐了 5 万元,于是 3 人决定在 9 月 30 日 3 个股东按原来约定的出资比例先缴纳 5 万元资本金。

那么,在股东缴纳资本金的过程中,出纳员刘晓珂应该如何办理结算手续呢?

【学习目标】

了解认缴资本制和实缴资本制,熟悉资本金收缴程序,熟悉出纳员办理收款结算的业务。

【知识储备】

知识点 1:认缴资本和实缴资本

营业执照上显示公司注册资本金 10 万元,说明 3 个股东对公司认缴 10 万元的注册资本,但现在他们却只缴纳了 5 万元。这里的 10 万元为认缴资本,而 5 万元是实缴资本。要具体说明认缴资本与实缴资本的关系,首先我们要看看国家对公司注册资本进行的改革,我国原来对公司注册资本实行的是实缴登记制度,股东认缴资本、实缴资本与注册资本都应保持一致,公司注册时还要提供会计师事务所的验资报告;而改革后,注册资本实缴登记制度转变为认缴登记制度,营业执照登记部门只登记公司认缴的注册资本,不需要再登记实缴资本,不再收取验资报告。

认缴资本与实缴资本只是一字之差,但意义却有很大不同。认缴资本是指答应准备缴纳的资本,是营业执照上注明的注册资本,而实缴资本是指股东实际已缴纳的资本金。

这里需要说明的是,注册资本实缴登记制度转变为认缴登记制度后,尽管股东可以自主决定实缴资本数额,但并不是说,股东对实际出资额就可以为所欲为,还要受其他条件的约束,如在公司内部最高的法律文件——公司章程中,要明确股东的认缴出资额、出资方式、出资期限等;公司一旦涉及因破产清算等需要承担对外支付义务时,公司股东是以认缴额承担责任的,而不是按照实缴资本来承担责任。打个比方,如果股东认缴 10 万元资本金,实际只缴纳了 5 万元,结果公司破产了,而且以现有的财产无法偿还债务,那么,这时股东应该把没有缴纳的资本金 5 万元补齐,用来偿还债务。

知识点 2：资本金收缴程序

（1）收缴资本金
股东将准备投入公司的投资款转入公司指定账户。
（2）资金查询
出纳员通过网上银行或直接到开户银行查询股东投资款是否按时、足额转入公司指定账户。
（3）收集收款回单
出纳员可以向开户银行索取银行收款回单，也可以通过网上银行打印电子回单。
（4）开具收据
出纳员根据《公司章程》《投资协议》及资金查询等情况向股东开具收款收据，收据要加盖收款单位财务专用章，收款人还要盖章或签名。

知识点 3：收据与发票的区别

（1）收据是一种收款凭证
收据只能作为收取往来款项的凭证，收款方不需纳税，但也不能作为收入凭据，付款方也不能作为成本、费用入账。
（2）发票则是一种纳税凭证
发票要受税务局的严格管控，公司要向税务局购买发票，对企业增值税发票的填开、保管都有严格规定。

【任务清单3.1】 收缴资本金

项目	任务内容
任务情境	假如你是"娃娃店"的出纳员刘晓珂,通过对【知识储备】的学习,当股东转入资本金时,你该如何处理?
任务目标	熟练掌握收缴股东资本金的业务。
任务实施	(1) 如何理解认缴资本和实缴资本? (2) 如何通过网上银行查询资金往来? (3) 如何通过网上银行打印电子回单? (4) 如何开具收据? (5) 收据与发票有什么区别?
任务点拨	
任务总结	通过完成上述任务,你学到了哪些知识或技能?

任务 3.2　填制纸质会计凭证

【学习情境】

股东缴纳投资款后,"娃娃店"便有了经营的本钱,也有了会计的账务处理工作。那么,"娃娃店"收到注册资本金后,应该怎样进行账务处理?又该由谁来进行账务处理?带着问题,我们开始学习会计凭证的填制。

【学习目标】

熟悉会计基本假设,掌握简单会计记账凭证的填制方法。

【知识储备】

知识点 1:会计基本假设

会计核算的对象是企业活动,而企业所处的环境和企业活动都存在着许多不确定因素,需要对会计核算进行合理的判断和假设。所以,会计基本假设是会计核算的前提,是对会计核算所处时间、空间环境等所作的合理设定。会计基本假设包括会计主体、持续经营、会计分期和货币计量。

(1) 会计主体

会计主体是指会计核算服务的特定对象,比如,本案例中"娃娃店"所在的公司——杭州娃娃乐玩艺有限公司就是一个会计主体,会计主体是会计确认、计量和报告的空间范围。会计主体不同于法律主体,一般来说,法律主体必然是一个会计主体。比如,一个公司是法人主体,这个法人主体就应该进行独立核算,就应该是会计主体。但反过来,一个会计主体就不一定是法人主体。比如,杭州娃娃乐玩艺有限公司作为一个法人主体,它可以开设多家"娃娃店",每个"娃娃店"都可以单独核算,都可以作为一个会计主体,但这些"娃娃店"没有法人资格,不是独立的法人实体。

(2) 持续经营

持续经营,是指会计主体的生产经营活动将无期限持续下去,在可以预见的将来不会倒闭进行清算。在持续经营的前提下,会计核算应当以企业持续的、正常的生产经营活动为前提。

(3) 会计分期

会计分期,是指将一个企业持续经营的生产经营活动划分为一个个连续的、长短相同的期间。在会计分期假设下,企业应当划分会计期间,分期结算账目和编制财务报告。会计期间通常分为年度和中期,提供的会计报告分别叫作年度报告和中期报告,中期,是指短于一个完整的会计年度的报告期间,如按月、季、半年报告。

(4) 货币计量

货币计量是指在会计核算中要以货币为主要的计量单位,记录和反映企业的财务状况和经营成果。企业经济活动是多种多样、错综复杂的，为了实现会计目的，必须综合反映会计主体的各项经济活动，这就要求有一个统一的计量尺度，以货币为主要计量单位刚好可以满足这样的要求。需要说明的是，这里的货币是主要计量单位，而不是唯一计量单位。如在对"娃娃店"经营的商品"布娃娃"进行会计核算时，不仅要以人民币为记账本位币核算库存商品的价值，同时，还要以箱、只等数量单位进行辅助核算。

知识点2：填制会计记账凭证的步骤

填制会计记账凭证主要有3个步骤：

第一步，要收集、整理原始凭证，这一步，会计人员要对原始凭证这些单据进行分类和整理；

第二步，填制会计记账凭证，在这一步，记账凭证填制人员要根据原始凭证不同的类别，按照会计准则的要求编制记账凭证；

第三步，审核会计记账凭证，会计凭证审核人员对会计凭证编制的合规性、合理性以及正确性进行审核。

（1）原始凭证

原始凭证又称为单据，是指在经济业务发生或完成时由经办人直接取得或填制的一种书面证明，是会计核算的原始资料和重要依据。

原始凭证有多种分类方法，如按照来源不同分类，可以分为外来原始凭证和自制原始凭证。外来原始凭证如发票、车票，自制原始凭证如领料单、工资单等。其他还有多种分类方法，如按照填制手续和内容不同分类，分为一次凭证、累计凭证和汇总凭证三类；按照格式不同分类，分为通用凭证和专用凭证；按照经济业务的类别不同分类，可以分为款项收付业务凭证、出入库业务凭证、成本费用凭证、购销业务凭证、固定资产业务凭证、转账业务凭证等。

（2）记账凭证

记账凭证是根据原始凭证编制的，是登记会计账簿的直接依据。

①记账凭证根据填制方法不同分类，可以分为单式记账凭证和复式记账凭证。这里涉及了单式记账法和复式记账法。

单式记账法，是指对所发生的每一项经济业务，只在一个账户中进行登记的记账方法。传统的流水账就是属于单式记账法。

复式记账法，是指对发生的每一项经济业务，都要以相等的金额，在两个或两个以上相互关联的账户中进行登记的记账方法。在前面讲到家庭资产负债表中，"资产＝负债＋所有者权益"的结构设计就是复式记账法的体现。

②记账凭证按用途不同分类，可以分为专用记账凭证和通用记账凭证。专用记账凭证根据经济业务是否涉及库存现金和银行存款的收付，分为收款凭证、付款凭证和转账凭证；而通用记账凭证则是用一种通用格式记录各种经济业务，作为中小企业，普遍采用通用记账凭证。

知识点3：借贷记账法

借贷记账法是以"借"和"贷"为记账符号，对发生的每一项经济业务都以相等的金额在两个或两个以上相互联系的账户中进行登记的一项复式记账方法。它是以"资产=负债+所有者权益"为理论依据，以"借"和"贷"为记账符号，以"有借必有贷，借贷必相等"为记账规则的一种复式记账法。

借贷记账法起源于意大利，与当时银行借贷资本相关，企业向银行筹措资金，叫借款，类似于英语的 borrow，借入；而银行向企业放贷，称为贷款，类似于英语的 lend，贷出。

但随着借贷记账法的发展、变化，现在的"借贷"两个字已经失去了原来的本意，演变成了纯粹的记账符号。

知识点 4：会计科目

（1）会计科目的概念

会计的核算对象是整个企业活动，为了便于会计核算，会计将企业活动细分成资产、负债、所有者权益、收入、费用和利润共六个部分——会计要素，而会计科目又是对会计要素进行的进一步细分。会计科目根据详细程度又分为总账科目（一级科目）和明细科目（明细科目又可以细分为二级科目、三级科目，等等），如"银行存款"就是一级科目，而"工行存款"则是在一级科目"银行存款"下面的二级科目。

（2）会计科目的借贷方向

不同会计科目的借贷方向表示的意义是不同的，根据会计科目借贷表示的增减方向，会计六大要素可以大致分为以下两大类科目：

第一类是资产、费用类科目，这类科目以资产类科目为代表，而费用又是由资产转化而来的，因为企业所投入的资产早晚要通过买卖或消耗转化为成本或费用。这类科目借方表示增加、贷方表示减少，这里的"借贷"与我们日常理解的资产的增减保持一致，可以借助当初意大利借贷记账法刚兴起时从债务人，也就是企业的角度来看待资产的增减，增加就记入借方，减少就记入贷方。

第二类，就是除了资产、费用之外的其他四大要素的科目，这类科目以负债为代表，与资产类科目刚好相反，借方表示减少，贷方表示增加。可以理解为站在债权人的角度，也就是银行的角度，放出的贷款就是增加、收回贷款就是减少，即贷方记入增加，借方记入减少。

因此，要确定一个会计科目的借贷方向，首先要确定它到底属于会计六大要素中的哪一类，然后再根据它的增减状况确定借贷方向。对于初学者，要理解和掌握资产和费用类科目属于一类，借方表示增加、贷方表示减少，其他各类要素刚好相反。这样，就有助于更好地判断和掌握。

知识点 5：会计分录

根据会计凭证，可以编制相应的会计分录。

会计分录是指预先确定每笔经济业务所涉及的账户名称，以及计入账户的方向和金额的一种记录，简称分录。会计分录是由应借应贷方向、对应账户（科目）名称及应记金额三个要素构成的。

会计分录不同于记账凭证，记账凭证要求要素齐全，并有严格的审核与编制程序；

而会计分录只是表明记账凭证中应借应贷的科目与金额,是记账凭证的最简化形式。会计分录通常只是为了讲解方便而出现在书本之中,在会计实务中很少出现会计分录。

知识点 6:会计凭证填制

根据整理好的原始凭证,填制记账凭证,记账凭证标题行里的"日期"是指记账凭证填制日期;"字号"是指凭证编号,记账凭证的编号要连续;"附件"是指所有附在记账凭证之后的原始凭证,"具体张数"根据原始凭证的具体张数填写;"摘要"填写要求既简单又明了,这里的"总账科目"和"明细科目"是指会计科目,其中如"银行存款""实收资本"为一级会计科目,而"工行存款"等为二级科目;"借""贷"为记账符号。

知识点 7:会计凭证审核

记账凭证的审核主要包括以下内容:

①记账凭证是否附有原始凭证,记账凭证的经济内容是否与所附原始凭证的内容相同。

②应借应贷的会计科目(包括二级或明细科目)对应关系是否清晰、金额是否正确。

③记账凭证中的项目是否填制完整,摘要是否清楚,有关人员的签章是否齐全。

【任务清单 3.2】 填制纸质会计凭证

项目	任务内容
任务情境	"娃娃店"收到股东陈亦旺、王飞、刘晓珂的投资款分别为 3 万元、1 万元、1 万元，会计王飞和出纳员刘晓珂该如何编制和审核记账凭证？
任务目标	掌握实缴资本金的会计记账凭证编制和审核方法。
任务实施	(1) 会计基本假设有哪些？ (2) 如何理解会计六大要素各自"借方"或"贷方"代表的意义？ (3) 如何填制记账凭证？ (4) 如何审核记账凭证？
任务点拨	
任务总结	通过完成上述任务，你学到了哪些知识或技能？

任务 3.3　登记纸质会计账簿

【学习情境】

记账凭证把分散的原始凭证进行了分类和整理,而会计账簿又是对记账凭证进行系统的整理和汇总,是编制会计报表的必要环节。那么,如何登记"娃娃店"的相关账簿呢?

【学习目标】

熟悉记账流程,了解会计账簿的主要分类,掌握纸质会计账簿的登记方法。

【知识储备】

知识点 1:记账流程

会计账簿的登记过程称为记账,记账的流程包括记账、对账和结账。

(1) 记账

记账是指根据会计凭证先登记明细账,再登记总账。这里的会计凭证包括原始凭证和记账凭证。

(2) 对账

对账就是核对账目,是指在会计核算中,为保证账簿记录正确可靠,对账簿中的有关数据进行检查和核对的工作。在对账过程中,要做到 3 个相符,即账证相符、账账相符、账实相符。

(3) 结账

结账时,首先要确保当期所有经济业务全部入账;然后要对账务进行必要的调整与结转,根据权责发生制进行账项调整,并进行相关账务处理;最后应结出现金日记账、银行存款日记账以及总账和明细账各账户的本期发生额和期末余额,并将期末余额结转下期。

知识点 2:会计账簿分类

会计账簿有多种分类,按照层级划分,可以分为总分类账和明细分类账;按照用途划分,可以分为序时账簿、分类账簿和备查账簿;按照账页格式划分,可以分为两栏式账簿、三栏式账簿、多栏式账簿、数量金额式账簿;按照外形特征划分,可以分为订本式账簿、活页式账簿、卡片式账簿。

(1) 总分类账和明细分类账

①总分类账,简称总账,是指根据总分类科目登记的账簿,用来登记全部经济业务,进行总分类核算,提供总括核算资料的分类账簿。总分类账所提供的核算资料,是编制会计报表的主要依据。

②明细分类账，简称明细账，是指按照明细分类账户进行分类登记的账簿，是根据企业开展经济管理的需要，对经济业务的详细内容进行的核算，是对总分类账进行的补充反映。

总分类账与明细分类账的关系是：总分类账就是对明细分类账进行综合分析，是对明细分类账进行统驭作用的账户；明细分类账是对总分类账的必要说明和补充。

（2）序时账簿、分类账簿和备查账簿

①序时账簿又称日记账，是指按照经济业务发生或完成时间的先后顺序逐日逐笔登记的账簿。比如现金日记账、银行存款日记账就是序时账簿。

②分类账簿是用来反映和监督各项资产、负债、所有者权益、收入、费用和利润的增减变动情况及其结果的账簿。它是会计核算的主要账簿，如总分类账、明细分类账。

③备查账簿是指对一些在序时账簿和分类账簿中不能记载或记载不全的经济业务进行补充登记的账簿。相对于序时账簿和分类账簿这两种主要账簿而言，备查账簿属于辅助性账簿，它可以为经营管理提供参考资料，如委托加工产品登记簿、租入固定资产登记簿等。

（3）两栏式账簿、三栏式账簿、多栏式账簿、数量金额式账簿

①两栏式账簿是指只有借方和贷方两个基本金额栏目的账簿。

②三栏式账簿是设有借方、贷方和余额三个基本栏目的账簿。

③多栏式账簿是在账簿的两个基本栏目——借方和贷方的基础上，按需要分设若干栏的账簿。收入、成本、费用明细账和利润明细账一般均采用这种格式的账簿。

④数量金额式账簿，它是指采用数量和金额双重记录的账簿。这种账簿的借方、贷方和余额三个栏目内，都分设数量、单价和金额三个小栏。

（4）订本式账簿、活页式账簿、卡片式账簿

①订本式账簿，这种账簿的账页固定，既可以防止散失，又可以防止抽换账页，总分类账、现金日记账、银行存款日记账就是订本式账簿。

②活页式账簿，简称活页账，是将账页装在账夹内便于随时取放的账簿。活页式账簿适用于一般明细分类账。

③卡片式账簿，简称卡片账，是由某些专门格式的、分散的卡片作为账页组成的账簿。如固定资产登记卡。

知识点3：会计科目与会计账户

会计科目是会计要素的基本分类，它是静态的。会计科目只有名字。

会计账户是根据会计科目来设置的，它是动态的，具有一定的结构与格式，可以记录和反映会计要素的增减变化及结果，比如可以表示借方多少，贷方多少，余额多少。

知识点4：账户与账簿

账簿与账户的关系是形式和内容的关系。

账户存在于账簿之中，账簿中的每一账页就是账户的存在形式和载体，没有账簿，账户就无法存在；账簿序时、分类地记载经济业务，是在个别账户中完成的。因此，账簿只是一个外在形式，账户才是它的真实内容。

【任务清单3.3】 登记纸质会计账簿

项目	任务内容
任务情境	编制好记账凭证后,如何登记相关会计账簿呢?通过对【知识储备】中纸质会计账簿的学习,请为"娃娃店"登记相关纸质会计账簿。
任务目标	登记"娃娃店"相关纸质会计账簿。
任务实施	(1)会计账簿的登记过程有哪些? (2)会计账簿的主要分类有哪些? (3)如何理解会计科目与会计账户? (4)如何理解会计账户与会计账簿? (5)请根据"娃娃店"相关凭证登记纸质会计账簿。
任务点拨	
任务总结	通过完成上述任务,你学到了哪些知识或技能?

任务 3.4 编制纸质会计报表

【学习情境】

会计报表是对企业会计成果的最终体现,会计账簿登记完毕后,"娃娃店"如何编制第 1 个月的会计报表呢?

【学习目标】

了解会计报表的基本编制程序和方法。

【知识储备】

知识点 1:会计报表

会计报表分为内部管理报表和外部会计报表。

(1)内部管理报表

内部管理报表即内部会计报表,是根据企业自身管理需要设置的,各个企业的内部管理报表的内容有多种,格式并不统一,比如公司的运营管理报表、预算执行报表、客户信用管理报表,等等。

(2)外部会计报表

外部会计报表即对外会计报表,是对外财务报告的重要组成部分,财务报告分为 4 张报表和附注说明。4 张报表分别是资产负债表、利润表、现金流量表和所有者权益变动表。对中小企业来说,最主要的对外会计报表就是资产负债表和利润表,企业每个月应编制资产负债表和利润表。

知识点 2:资产负债表

在资产负债表中,有一个会计恒等式:资产=负债+所有者权益。所以,资产负债表的左边反映的是资产,右边上半部分反映的是负债,下半部分反映的是所有者权益。

资产负债表反映的是企业的财务状况,具体反映的是企业拥有什么资产以及这些资产是从哪里来的,即负债有多少、所有者权益有多少。

在编制资产负债表时要注意,资产负债表是一个静态报表,反映的是一个具体时点的数据,所以,报表的上方要填写报表编制的具体年月日。

而为了对比企业财务状况的变动情况,报表的左右两边又分"期初余额"和"期末余额"两栏来填写。"期初余额"一般填写年初或上年年末数据,"期末余额"就是报表编制当期数据。

(1)资产负债表的编制格式

资产负债表的编制格式是账户式,分为左右两方。账户式资产负债表又称为水平式,其资产项目按照资产的账户式流动性大小列示于报表的左方,流动性越强,越排在上面。所谓流动性，是指资产的变现能力强。负债和所有者权益项目列示于报表的右方，上半部分的负债一般按债务的清偿先后顺序排列，下半部分的所有者权益按永久性程度高低排列。报表左右双方总计金额相等。它的优点是资产、负债和所有者权益的恒等关系一目了然。

（2）资产负债表的编制方法

资产负债表的编制方法包括以下几种：

①根据总账账户期末余额直接填列；

②根据若干总账账户期末余额分析填列；

③根据有关明细分类账的期末余额分析填列；

④根据有关总分类账及其明细分类账的期末余额分析填列；

⑤根据有关资产类账户与其备抵账户抵消后的净额填列。

知识点3：利润表

在利润表中也一个会计恒等式：利润=收入-费用。

利润表反映的是企业的经营成果，具体反映的是某一段期间内收入多少、费用多少，盈利多少或是亏损多少。

在编制利润表时要注意，利润表是一个动态报表，反映的是一段期间的数据，比如一个月。所以，报表的上方要填写报表编制的具体年月，而不是某日。为了全面反映企业的经营成果，利润表一般分"本月金额"和"本年累计金额"两栏分别反映企业的经营成果。

我国的利润表是按照多步式编制的，多步式利润表是通过对当期的收入、费用项目按性质加以归类，按利润形成的主要环节列示一些中间性利润指标，分步计算当期利润。

这里需要了解几个利润概念：

（1）净利润

净利润是指在利润总额中按规定缴纳了所得税后公司的利润留成，一般也称为税后利润。净利润的多少取决于两个因素：一是利润总额，二是所得税费用。

（2）利润总额

利润总额是指企业在生产经营过程中各种收入扣除各种耗费后的盈余数额，反映企业在报告期内实现的盈亏总额。

利润总额=营业利润+营业外收入-营业外支出

（3）营业利润

营业利润是指企业最基本经营活动的成果，也是企业在一定时期内获得的利润中最主要、最稳定的来源。

营业利润=营业收入-营业成本-税金及附加-管理费用-财务费用-销售费用-资产减值损失+公允价值变动损益+投资收益

【任务清单 3.4】 编制纸质会计报表

项目	任务内容
任务情境	登记好相关账簿后，月底该如何编制会计报表呢？通过对【知识储备】中会计报表的学习，请为"娃娃店"编制纸质会计报表。
任务目标	根据"娃娃店"成立以来第1个月的账务情况，为"娃娃店"编制资产负债表和利润报表。
任务实施	(1) 中小企业对内、对外会计报表主要由哪些内容构成？ (2) 在编制资产负债表时要注意哪些方面？ (3) 请为"娃娃店"编制第1个月的资产负债表。 (4) 在编制利润表时要注意哪些方面？ (5) 请为"娃娃店"编制第1个月的利润表。
任务点拨	
任务总结	通过完成上述任务，你学到了哪些知识或技能？

【思政之窗】

会计工作并不是枯燥、乏味的数字编码工作,而是在用数字信息生动地讲述企业的经营故事。

事实上,会计工作通过大量相等或相符的数字信息关系体现了会计的平衡美,如"有借必有贷、借贷必相等"的复式记账规则、"资产=负债+所有者权益""利润=收入−费用"的会计恒等式、资产负债表结构、总分类账与明细分类账的平行登记、账簿记录与报表数字的勾稽关系、报表中主表与所属附表的依存关系、会计分录中的账户对应关系、记账凭证与所附原始凭证的对应关系、记账凭证与账簿记录的核对关系、银行存款与银行对账单的核对关系等,这些都是账证相符、账账相符、账实相符、账表相符的具体体现,体现了会计特殊的平衡美。

同样,作为会计从业人员,我们应将这些会计平衡美运用到实际工作与生活中,正确处理好企业与社会、个人与企业、整体与局部等的平衡关系。

【故事启迪】

辞职

一天，会计小王向他的同学小张发牢骚说："我要辞职，我恨透这个公司了！"

小张说："我举双手赞成，不过，我倒建议你不要轻易放过你那个破公司，你最好给它点颜色看看。你现在离开，还不是最好的时机。"

小王问："为什么？"

小张说："如果你现在走，公司的损失并不大。你应该趁着在会计岗位的机会，拼命地把公司的账理顺、资产管理好，再把那些客户欠下的陈年老账追回来，成为公司独当一面的人物，让公司越来越离不开你，然后你就突然离开公司，公司一时找不到更好的会计，就会受到重大损失。"

小王觉得小张说得非常在理。于是努力工作，事遂所愿。一年后，两人再见面时，小张问小王："现在是时机了，要跳槽赶快行动哦！"

小王淡然笑道："老总跟我长谈过，准备升我做财务总监，我暂时没有离开的打算了。"

其实这也正是小张的初衷。一个人的工作，只有付出大于得到，让老板真正看到你的能力大于位置，才会给你更多的机会替他创造更多的利润。

拓展练习

一、单选题

1. 会计所使用的主要计量尺度是（　　）。
   A. 实物量度　　　　　　　　　　　B. 劳动量度
   C. 货币量度　　　　　　　　　　　D. 实物量度和货币量度
2. 会计主体假设规定了会计核算的（　　）。
   A. 时间范围　　　　　　　　　　　B. 空间范围
   C. 期间费用范围　　　　　　　　　D. 成本开支范围
3. 下列属于收益性支出的有（　　）。
   A. 建造房屋的各项支出　　　　　　B. 长期股票投资支出
   C. 生产工人工资　　　　　　　　　D. 为取得专利权发生的支出
4. 下列各项中适用于划分各会计期间收入和费用的原则是（　　）。
   A. 实际成本计价原则　　　　　　　B. 一致性原则
   C. 权责发生制原则　　　　　　　　D. 谨慎性原则
5. 下列各项中适用于财产计价的原则是（　　）。
   A. 权责发生制原则　　　　　　　　B. 配比原则
   C. 收付实现制原则　　　　　　　　D. 实际成本原则

二、多选题

1. 下列各项中属于静态会计要素的是（　　）。
   A. 资产　　　　B. 收入　　　　C. 费用
   D. 负债　　　　E. 所有者权益
2. 下列各项中属于动态会计要素的是（　　）。
   A. 资产　　　　B. 收入　　　　C. 费用
   D. 利润　　　　E. 所有者权益
3. 反映企业财务状况的会计要素有（　　）。
   A. 资产　　　　B. 收入　　　　C. 费用
   D. 负债　　　　E. 所有者权益
4. 反映企业经营成果的会计要素有（　　）。
   A. 资产　　　　B. 收入　　　　C. 费用
   D. 利润　　　　E. 所有者权益
5. 下列关于会计要素之间关系的说法正确的是（　　）。
   A. 费用的发生，会引起资产的减少，或引起负债的增加
   B. 收入的取得，会引起资产的减少，或引起负债的增加
   C. 收入的取得，会引起资产的增加，或引起负债的减少
   D. 所有者权益的增加，可能引起资产的增加，或引起费用的增加
   E. 以上说法都正确

三、判断题

1. 货币量度是唯一的会计计量单位。（ ）
2. 会计主体与法人主体是同一概念。（ ）
3. 会计凭证的编号要连续。（ ）
4. 当期所有经济业务全部入账后会计才能结账。（ ）
5. 企业的会计报表只有4种，即资产负债表、利润表、现金流量表和所有者权益变动表。（ ）

四、业务操作题

甲公司202×年12月31日的资产、负债、所有者权益的状况如下：

库存现金500元；

银行存款99 500元；

建筑物2 600 000元；

机器设备200 000元；

库存商品100 000元；

股东投入资本金2 000 000元；

应收账款850 000元；

未分配利润150 000元。

要求：根据上述资料确定资产、负债及所有者权益项目，分别加计资产、负债及所有者权益项目的合计数，并验证资产和权益是否相等。

【画龙点睛】

请扫码查看对拓展练习进行的点拨。

项目 4

财务数字化：基础设置与维护

 知识目标

- 熟悉财务数字化平台上多版本组织体系和多版本部门体系设置的知识和方法；
- 掌握财务数字化平台上组织、用户的职责与权限维护的知识和方法；
- 掌握企业基础档案维护的基本方法。

技能目标

- 能够完成企业组织体系的设置与权限维护；
- 能够完成供应商、客户等供应链单位信息的设置与维护；
- 能够完成总账业务、固定资产、费用管理、税种税率等企业基础档案的维护。

素质目标

- 培养学生根据企业组织职责自觉进行组织、用户权限维护的素质；
- 培养学生具备基于财务数字化平台会计基础信息维护的能力；
- 培养学生根据企业组织的变化调整相应会计核算项目的能力。

知识串联

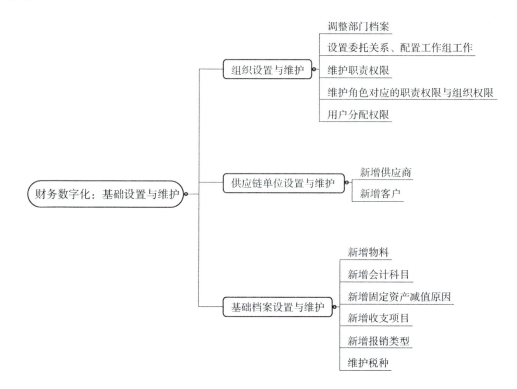

任务 4.1　组织设置与维护

【学习情境】

经过 1 个月的手工做账,"娃娃店"会计王飞觉得手工账既麻烦又不符合现代信息技术的要求,他想进一步了解会计信息化软件。最终,"娃娃店"选择了以用友集团 NC 系统为基础的财务数字化平台软件。为了学习财务数字化操作技能,会计王飞和出纳员刘晓珂报名参加了由用友集团子公司新道科技股份有限公司组织的财务数字化培训。

财务数字化平台以一个虚拟的鸿途集团股份有限公司(以下简称鸿途集团或鸿途)及其分(子)公司(包括鸿途集团水泥有限公司、鸿途集团铸造有限公司、金州鸿途煤焦化有限公司等)建设财务数字化的过程为例,以财务数字化应用职业技能等级标准为依据,通过实例将财务会计具体操作技能融入财务数字化平台的训练之中。企业组织的设置与调整直接影响着会计核算以及财务数字化平台基础数据维护及档案管理工作,因此,当企业新增部门或进行组织调整时,需要在财务数字化平台进行相应的组织信息设置与维护。

【学习目标】

根据企业组织架构,能够在财务数字化平台上设置和调整部门档案,能够根据不同会计岗位进行相应权限的设置。

任务 4.1.1　调整部门档案

【学习情境】

为了满足企业财务数字化平台运行的需要,当企业内部设置的部门发生变化时,需要在财务数字化平台上对相关信息进行及时维护,并完成相关配置,才能保证在财务数字化平台上及时准确地处理相关业务。

【学习目标】

通过训练,使学生能够在财务数字化平台上进行多版本组织体系及部门设置,达到胜任基于财务数字化平台企业会计基础信息维护工作职责的目标。

【知识储备】

操作步骤1：初始页面——【菜单首页】

点击右上角"日期"，切换业务日期→点击"确定"→点击左上角的"四叶草"图案→点击"动态建模平台"—"组织管理"→点击组织结构定义区域的"部门"→进入【部门】页面。

操作步骤2：一级页面——【部门】

逐级展开各层级的业务单元→点击要修改层级的"组织"→点击"增加或修改"按钮，新增或修改部门档案→展开页面上方"多版本"→点击"部门树版本化"→录入新版本说明→点击"确定"。

【任务清单 4.1.1】 调整部门档案

项目	任务内容
任务情境	2020 年 3 月 1 日，鸿途集团铸造有限公司对部门组织架构进行了调整，调整前的部门组织架构如图 4-1 所示，调整后的部门组织架构如图 4-2 所示。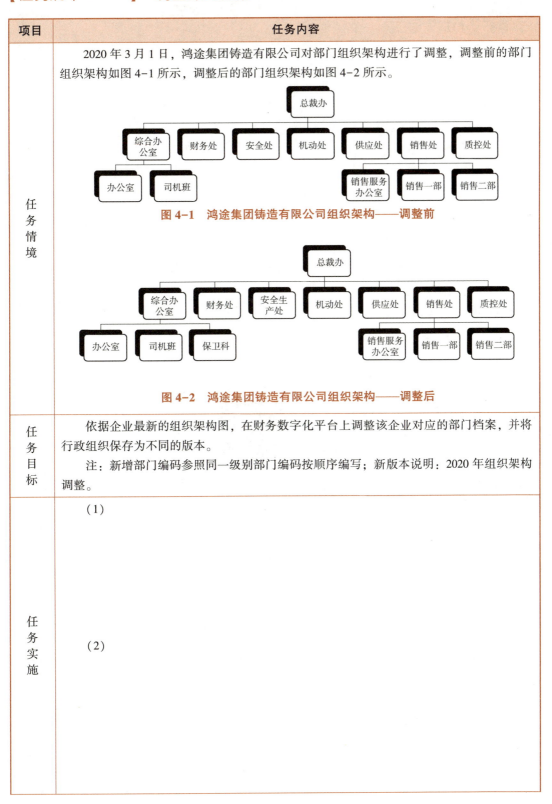 图 4-1 鸿途集团铸造有限公司组织架构——调整前 图 4-2 鸿途集团铸造有限公司组织架构——调整后
任务目标	依据企业最新的组织架构图，在财务数字化平台上调整该企业对应的部门档案，并将行政组织保存为不同的版本。 注：新增部门编码参照同一级别部门编码按顺序编写；新版本说明：2020 年组织架构调整。
任务实施	（1） （2）

续表

项目	任务内容
任务实施	（3） （4） （5）
任务点拨	
任务总结	通过完成上述任务，你学到了哪些知识或技能？

任务 4.1.2　设置委托关系、配置作业组工作

【学习情境】

财务共享服务中心（以下简称共享中心或服务中心）是近年来出现并流行起来的会计和报告业务管理方式，它是将不同地点的会计业务集中到一个共享服务中心来记账和报告，既保证了会计记录和报告的规范性和统一性，又提高了整个集团会计核算的效率。在财务数字化平台上，如何对新纳入财务共享服务中心的组织设置服务范围和服务内容呢？

【学习目标】

通过训练，使学生能够在财务数字化平台上对新纳入财务共享服务中心的组织及其服务内容进行设置。

【知识储备】

操作步骤1：初始页面——【菜单首页】

点击右上角"日期"，切换业务日期→点击"确定"→点击左上角的"四叶草"图案→点击"共享服务"—"作业平台"→点击作业平台基础设置区域的"设置委托关系"→进入【详情】页面。

操作步骤2：一级页面——【设置委托关系】页面

选择财务共享服务中心对应的共享服务并点击"确定"→点击"新增"→选择"业务单元"→展开对应的业务单元→勾选对应的组织→点击"确定"→在弹出的对话框（以下简称弹框）中勾选对应的业务内容→点击"保存"。

操作步骤3：一级页面——【配置作业组工作】页面

点击"配置作业组工作"→选择财务共享服务中心对应的共享服务→点击"确定"→点击左侧的"工作内容"→点击右侧的"修改"→勾选对应的服务单位→点击"确定"→点击"保存"。

【任务清单 4.1.2】 设置委托关系、配置作业组工作

项目	任务内容
任务情境	2020年3月1日,财务共享服务中心的服务范围新增一家单位鸿途集团铸造有限公司,该中心主要提供费用核算共享服务,纳入共享服务中心费用组的服务范围。
任务目标	(1)对新纳入财务共享服务中心的组织设置服务范围和服务内容; (2)在财务数字化平台上,在费用组的作业组工作中增加新增组织。
任务实施	(1) (2) (3) (4) (5)
任务点拨	
任务总结	通过完成上述任务,你学到了哪些知识或技能?

任务4.1.3　维护职责权限

【学习情境】

职责是指业务职能所具备的权限范围，是由一组具有相互关联业务意义的应用节点和业务活动构成的集合。企业通常按照相关岗位的权限范围来确定职责和划分职责相对应的功能范围，并以职责为中间环节，为角色或用户分配相应的权限。在财务数字化平台上，需要根据企业规定的职责权限范围，设置具体岗位的职责权限。

【学习目标】

通过训练，使学生能够在财务数字化平台上根据企业职责权限的对应清单，设置具体岗位的职责权限。

【知识储备】

操作步骤1：初始页面——【菜单首页】

点击右上角"日期"，切换业务日期→点击"确定"→点击左上角的"四叶草"图案→点击"动态建模平台"—"权限管理"→点击职责管理区域的"职责-集团"→进入【职责-集团】页面。

操作步骤2：一级页面——【职责-集团】

点击"新增"→录入职责编码，录入职责名称，选择职责类型→点击"保存"→点击"分配应用"→在左侧待分配应用中搜索并选择相应选项，并将相应选项移至右侧的已分配应用→点击"确定"。

【任务清单 4.1.3】 维护职责权限

项目	任务内容
任务情境	2020年3月1日，在财务数字化平台上依据企业职责权限对应清单（表4-1），设置"费用会计"的职责权限。 表 4-1　企业职责权限对应清单 | 职责编码	职责名称	菜单编码	末级菜单
---	---	---	---
FYKJ	费用会计	20110M05	费用结账
		20110M06	月末凭证
		20110M02	费用报销单据查询
		20110M01	借款期初单据
		20110M04	费用关账
		20110M03	待摊费用摊销	
任务目标	根据企业职责权限对应清单设置"费用会计"的职责权限。
任务实施	（1） （2） （3） （4） （5）
任务点拨	
任务总结	通过完成上述任务，你学到了哪些知识或技能？

任务 4.1.4　维护角色对应的职责权限与组织权限

【学习情境】

依据企业角色权限对应清单，在财务数字化平台上维护集团预算会计角色对应的职责权限与组织权限。

【学习目标】

通过训练，使学生能够在财务数字化平台上依据企业角色权限对应清单进行对应的职责权限和组织权限设置。

【知识储备】

操作步骤 1：初始页面——【菜单首页】

登录（账号：101，密码：qwe123）→点击右上角"日期"，切换业务日期→点击"确定"→点击左上角的"四叶草"图案→点击"动态建模平台"—"权限管理"→点击职责管理区域的"业务类角色"→进入【业务类角色】页面。

操作步骤 2：一级页面——【业务类角色】

在"角色名称"中输入相应角色→点击"查询"→点击相应链接→点击"已分配职责"→点击右上角"分配职责"→在弹框左侧搜索并选择、添加相应角色→点击"确定"→点击"已分配组织"→点击右上角"分配组织"→在弹框中选择"仅自己"→点击展开相应组织单位→添加组织单位→点击"确定"。

【任务清单4.1.4】 维护角色对应的职责权限与组织权限

项目	任务内容
任务情境	2020年3月1日，依据企业角色权限对应清单（表4-2），在财务数字化平台上维护"集团预算会计"角色对应的职责权限与组织权限。 表4-2 企业角色权限对应清单 | 所属组织	角色编码	角色名称	分配职责	组织权限
---	---	---	---	---
鸿途集团	JTYSKJ	集团预算会计	JTYSKJ集团预算会计	1001 鸿途集团股份有限公司 2001 鸿途集团水泥有限公司 3001 鸿途集团铸造有限公司	
任务目标	在财务数字化平台上维护"集团预算会计"角色对应的职责权限与组织权限。
任务实施	（1） （2） （3） （4） （5）
任务点拨	
任务总结	通过完成上述任务，你学到了哪些知识或技能？

任务 4.1.5　用户分配权限

【学习情境】

在财务数字化平台上如何为财务共享服务中心新入职的同事设置相应的角色权限呢？

【学习目标】

通过训练，使学生能够在财务数字化平台上为财务共享服务中心相关会计岗位进行角色权限设置。

【知识储备】

操作步骤1：初始页面——【菜单首页】

点击右上角"日期"，切换业务日期→点击"确定"→点击左上角的"四叶草"图案→点击"动态建模平台"—"权限管理"→点击用户管理区域的"用户"→进入【用户】页面。

操作步骤2：一级页面——【用户】

在"用户名称"中输入相应用户名称→点击"查询"→点击相应代码链接→点击右上角"分配权限"→点击"分配角色"→在弹框中选择所属组织→在"角色名称"中输入相应角色→点击"查询"→勾选相应角色→点击"确定"。

【任务清单 4.1.5】 用户分配权限

项目	任务内容
任务情境	2020年3月1日，在财务数字化平台上为财务共享服务中心新入职的同事——费用组费用会计张强分配对应的"费用初审岗"角色权限。
任务目标	在财务数字化平台上为费用会计张强分配对应的"费用初审岗"角色权限。
任务实施	（1） （2） （3） （4） （5）
任务点拨	
任务总结	通过完成上述任务，你学到了哪些知识或技能？

任务 4.2　供应链单位设置与维护

【学习情境】

企业的供应链是一个将供应商、企业自身、客户连成一体的网链结构，现代信息技术为企业加强供应链管理提供了技术条件，有利于供应链中各利益相关者之间的协调和整合。那么，如何在财务数字化平台上对企业供应链中的供应商和客户单位进行设置与维护呢？

【学习目标】

通过训练，使学生能够在财务数字化平台上进行供应商、客户档案设置。

任务 4.2.1　新增供应商

【学习情境】

供应商是企业供应链中重要的部分，财务数字化平台为企业加强对供应商的管理和规范采购业务流程提供了便利。那么，如何在财务数字化平台上对供应商进行设置呢？

【学习目标】

通过训练，使学生能够在财务数字化平台上通过新增组织级供应商档案，掌握对供应商档案的设置和维护方法。

【知识储备】

操作步骤 1：初始页面——【菜单首页】

点击右上角"日期"，切换业务日期→点击"确定"→点击左上角的"四叶草"图案→点击"动态建模平台"—"基础数据"→点击供应商信息区域的"供应商-业务单元"→进入【供应商-业务单元】页面。

操作步骤 2：一级页面——【供应商-业务单元】

点击"新增"→选择业务组织→点击"确定"→输入供应商编码、名称→选择供应商基本分类→输入供应商纳税登记号→在"供应商联系人"中点击"增行"→输入供应商联系人、手机号→点击"确定"→点击"保存"。

【任务清单 4.2.1】 新增供应商

项目	任务内容
任务情境	2020 年 3 月 1 日，金州鸿途煤焦化有限公司新增组织级采购供应商，具体信息如表 4-3 所示。 表 4-3 采购供应商基本信息 | 供应商编码	供应商基本分类	纳税人登记号	供应商联系人	联系人手机号
---	---	---	---	---
02000009	外部供应商	91410100MA44WKCT0Y	王宇	10211117890	
任务目标	在财务数字化平台上新增组织级供应商档案。
任务实施	(1) (2) (3) (4) (5)
任务点拨	
任务总结	通过完成上述任务，你学到了哪些知识或技能？

任务 4.2.2　新增客户

【学习情境】

客户是企业供应链中重要的部分，财务数字化平台为企业加强对客户的管理和规范营销业务流程提供了便利。那么，如何在财务数字化平台上对客户进行设置呢？

【学习目标】

通过训练，使学生能够在财务数字化平台上通过新增组织级客户档案，掌握对客户档案的设置和维护方法。

【知识储备】

操作步骤1：初始页面——【菜单首页】

点击右上角"日期"，切换业务日期→点击"确定"→点击左上角的"四叶草"图案→点击"动态建模平台"—"基础数据"→点击客户信息区域的"客户-业务单元"→进入【客户-业务单元】页面。

操作步骤2：一级页面——【客户-业务单元】

点击"新增"→选择业务组织→点击"确定"→输入客户编码、名称→选择客户基本分类→输入客户纳税登记号→在"客户联系人"中点击"增行"→输入客户联系人、手机号→点击"确定"→点击"保存"。

【任务清单4.2.2】 新增客户

项目	任务内容
任务情境	2020年3月1日，金州鸿途煤焦化有限公司新增组织级客户，具体信息如表4-4所示。 表4-4　客户具体信息 | 客户编码	客户基本分类	纳税人登记号	客户联系人	联系人手机号
---	---	---	---	---
02000001	集团外部客户	91440300MASEM8UKSD	张红	10311119090	
任务目标	在财务数字化平台上新增上述集团客户档案。
任务实施	（1） （2） （3） （4） （5）
任务点拨	
任务总结	通过完成上述任务，你学到了哪些知识或技能？

任务 4.3 基础档案设置与维护

【学习情境】

企业会计人员要通过财务数字化平台进行会计核算，就应通过系统管理员对总账业务、固定资产、费用管理、税种税率等基础档案进行设置与维护。那么，如何在财务数字化平台上进行基础档案的设置与维护呢？

【学习目标】

通过训练，使学生掌握企业基础档案维护的基本方法，能够在财务数字化平台上完成总账业务、固定资产、费用管理、税种税率等基础档案的设置和维护。

任务 4.3.1 新增物料

【学习情境】

在财务数字化平台上，物料档案是总账业务的基本信息，物料档案由多个页签构成，这些页签又可分为基本信息页签和组织信息页签。那么，如何在财务数字化平台上新增组织级物料呢？

【学习目标】

通过训练，使学生能够在财务数字化平台上完成新增物料等基础档案的设置和维护。

【知识储备】

操作步骤1：初始页面——【菜单首页】

点击右上角"日期"，切换业务日期→点击"确定"→点击左上角的"四叶草"图案→点击"动态建模平台"—"基础数据"→点击物料信息区域的"物料-业务单元"→进入【物料-业务单元】页面。

操作步骤2：一级页面——【物料-业务单元】

点击"新增"→选择业务组织→点击"确定"→输入物料编码、名称→选择物料分类→输入物料规格→选择主计量单位→选择物料税类→点击"保存"。

【任务清单4.3.1】 新增物料

项目	任务内容
任务情境	2020年3月1日,金州鸿途煤焦化有限公司新增组织级物料,详情如表4-5所示。 表4-5 物料详情 <table><tr><th>物料编码</th><th>物料名称</th><th>物料分类</th><th>规格</th><th>主计量单位</th><th>物料税类</th></tr><tr><td>010003</td><td>原煤</td><td>煤炭及产品</td><td>10×1</td><td>吨</td><td>一般纳税商品</td></tr></table>
任务目标	在财务数字化平台上新增上述组织级物料。
任务实施	(1) (2) (3) (4) (5)
任务点拨	
任务总结	通过完成上述任务,你学到了哪些知识或技能?

任务 4.3.2　新增会计科目

【学习情境】

在财务数字化平台上，会计科目是总账业务的基本信息，是会计核算的基本依据。那么，如何在财务数字化平台上新增和设置会计科目呢？

【学习目标】

通过训练，使学生能够在财务数字化平台上完成新增和设置会计科目。

【知识储备】

操作步骤1：初始页面——【菜单首页】

点击右上角"日期"，切换业务日期→点击"确定"→点击左上角的"四叶草"图案→点击"动态建模平台"—"基础数据"→点击会计科目信息区域的"会计科目-全局"→进入【会计科目-全局】页面。

操作步骤2：一级页面——【会计科目-全局】

选择相应科目体系→点击"确定"→选择相应科目表→点击"确定"→点击"新增"→输入相应科目编码、科目名称→勾选"账簿余额双向显示"→点击"保存"。

【任务清单 4.3.2】 新增会计科目

项目	任务内容
任务情境	2020 年 3 月 1 日，在财务数字化平台上的科目表中，新增会计科目"671113 赔偿支出"，科目余额双向显示。
任务目标	在财务数字化平台上新增会计科目"671113 赔偿支出"。
任务实施	（1） （2） （3） （4） （5）
任务点拨	
任务总结	通过完成上述任务，你学到了哪些知识或技能？

任务 4.3.3　新增固定资产减值原因

【学习情境】

固定资产减值原因是对造成固定资产减值的原因进行描述，如市场变动、设备损毁等原因引起资产减值。固定资产减值原因是固定资产管理最基础的档案信息之一，此档案信息在发生固定资产减值业务时被引用，那么，如何设置固定资产减值原因呢？

【学习目标】

通过训练，使学生能够在财务数字化平台上增加固定资产减值原因基础信息。

【知识储备】

操作步骤 1：初始页面——【菜单首页】

点击右上角"日期"，切换业务日期→点击"确定"→点击左上角的"四叶草"图案→点击"财务会计"—"固定资产"→点击固定资产基础设置区域的"减值原因"→进入【减值原因】页面。

操作步骤 2：一级页面——【减值原因】

点击"新增"→输入减值原因编码、原因名称→点击"保存"。

【任务清单 4.3.3】 新增固定资产减值原因

项目	任务内容
任务情境	2020 年 3 月 1 日，依据企业固定资产管理要求，增加一个固定资产减值原因，编码"003"，名称"磨损老化"。
任务目标	在财务数字化平台上增加固定资产减值原因基础信息。
任务实施	（1） （2） （3） （4） （5）
任务点拨	
任务总结	通过完成上述任务，你学到了哪些知识或技能？

任务 4.3.4　新增收支项目

【学习情境】

收支项目作为会计科目的影响因素之一，用作不同业务发生时的参照取值，如用于从报账单据上选择具体事项，用于预算指标关联控制等。那么，如何新增收支项目呢？

【学习目标】

通过训练，使学生能够在财务数字化平台上新增业务单元的收支项目。

【知识储备】

操作步骤 1：初始页面——【菜单首页】

点击右上角"日期"，切换业务日期→点击"确定"→点击左上角的"四叶草"图案→点击"动态建模平台"—"基础数据"→点击会计信息区域的"收支项目-业务单元"→进入【收支项目-业务单元】页面。

操作步骤 2：一级页面——【收支项目-业务单元】

选择财务组织→点击"确定"→鼠标滑过"收支项目"→点击"⊕"→输入收支项目编码、输入收支项目名称→点击"保存"。

【任务清单 4.3.4】 新增收支项目

项目	任务内容
任务情境	2020 年 3 月 1 日，在财务数字化平台上新增业务单元鸿途集团铸造有限公司的收支项目"防疫救灾专项费用"，收支项目编码：SZ001001。
任务目标	在财务数字化平台上新增业务单元鸿途集团铸造有限公司的收支项目"防疫救灾专项费用"。
任务实施	（1） （2） （3） （4） （5）
任务点拨	
任务总结	通过完成上述任务，你学到了哪些知识或技能？

任务 4.3.5　新增报销类型

【学习情境】

报销类型是报销标准、单据项目的基础数据，为企业细化费用管理提供便利。那么，如何在财务数字化平台上新增报销类型呢？

【学习目标】

通过训练，使学生能够在财务数字化平台上进行报销类型的信息维护。

【知识储备】

操作步骤 1：初始页面——【菜单首页】

点击右上角"日期"，切换业务日期→点击"确定"→点击左上角的"四叶草"图案→点击"财务会计"—"费用管理"→点击基础设置区域的"报销类型"→进入【报销类型】页面。

操作步骤 2：一级页面——【报销类型】

点击"新增"→输入报销类型编码、输入报销类型名称→点击"保存"。

【任务清单 4.3.5】 新增报销类型

项目	任务内容
任务情境	2020 年 3 月 1 日，依据企业费用管理的要求，报销类型增加了"住宿费"，编码"Z44"。
任务目标	在财务数字化平台上进行报销类型的信息维护。
任务实施	（1） （2） （3） （4） （5）
任务点拨	
任务总结	通过完成上述任务，你学到了哪些知识或技能？

任务 4.3.6　维护税种

【学习情境】

正确维护企业的税种、税率，是正确计算企业相关税金的基本保证，那么，如何在企业财务数字化平台上维护税种、税率信息呢？（维护税率略）

【学习目标】

通过训练，使学生能够在财务数字化平台上正确维护税种信息。

【知识储备】

操作步骤 1：初始页面——【菜单首页】

点击右上角"日期"，切换业务日期→点击"确定"→点击左上角的"四叶草"图案→点击"动态建模平台"—"基础数据"→点击税务信息区域的"税种-组织"→进入【税种-组织】页面。

操作步骤 2：一级页面——【税种-组织】

选择税务组织→点击"新增"→输入税种编码、输入税种名称→点击"保存"。

【任务清单4.3.6】 维护税种

项目	任务内容
任务情境	2020年3月1日,鸿途集团水泥有限公司新增税种"印花税",编码"004"。
任务目标	在财务数字化平台上正确维护税种信息。
任务实施	(1) (2) (3) (4) (5)
任务点拨	
任务总结	通过完成上述任务,你学到了哪些知识或技能?

【思政之窗】

俗话说:"万丈高楼平地起。""基础不牢,地动山摇。"系统初始化是会计软件运行的基础,它将通用的会计软件转变为满足特定企业需要的系统,使手工环境下的会计核算和数据处理工作得以在计算机环境下延续和正常运行。系统初始化会对系统的后续运行产生重要影响,因此系统初始化工作必须完整且尽量满足企业的需求。

我们学习会计也要从掌握会计的基础知识和技能开始,一方面,要理解和掌握会计的基本概念、基本理论、基本核算方法等;另一方面,还要掌握会计实训的基本方法。同样的道理,我们从事会计工作也是如此,只有从最基础的会计岗位学起、做起,把最基础的会计工作做好、做实,才能提升自身的会计业务素质。

【故事启迪】

企业管理基础过于薄弱

王经理是一家家具制造企业的老总,几年来,王经理的公司虽然规模上没有迅速增长,但因为产品做工在当地已经树立了一定的口碑,加上管理机制又相对比较灵活,业务开展得红红火火,甚至国内一些知名的家居品牌慕名而来,希望与王经理的公司洽谈合作。

这样的机会,王经理自然不会轻易错过。可是自己的公司在规模上和人家相去甚远,管理水平也不在一个档次,这对于日后业务的进一步拓展肯定有弊无利。于是,本身对IT(互联网技术)就有所偏好的王经理有了上线ERP(企业资源计划系统)的念头。

可是经过几家服务供应商的咨询,大家都认为王经理的公司业务过于灵活,采购、销售、人力资源等环节根本没有固定的流程模式,这样,ERP的功能设计就很难成型。

急于改变公司面貌的王经理,这时候根本听不进这些意见,坚决地拍了板,ERP项目不久后便启动了。

看着一项项功能得以实现,公司的管理规范有序,王经理喜上眉梢。可好景不长,ERP上线不到一个月,各种各样的问题便接踵而至。原先在采购原料时,都是按月或者按年结账,这在ERP里是不被允许的;原先当一些老客户急于上货时,可以先完成交易,再签署合同,这些在ERP中也都无法实现……

一个又一个的问题不断出现,最终,原以为能为公司业务添光添彩的ERP系统,落得了被弃置不用的下场。

管理基础薄弱对于急于实施ERP的企业无疑是致命的。ERP实施是一个复杂的系统工程,ERP的管理理论基础是供应链管理,而供应链牵涉到企业的采购、供应、财务、人力资源、生产、设备、销售等,因此ERP的实施非常复杂。

据不完全统计,在所有的ERP系统应用中,存在三种情况:按期按预算成功实施实现系统集成的只占10%~20%;没有实现系统集成或实现部分集成的只有30%~40%;而最终失败的占50%。在实施成功的10%~20%中,大多数为管理基础比较好的外资或合资企业。

ERP作为规模最大、与管理捆绑最紧密的信息系统之一,实施的风险同样也是最大的,其失败之多已让不少企业望而却步,甚至将其拒之门外。

其实在企业信息化建设过程中,不难发现这样的规律:系统规模越大、与管理联系越密切、集成度越高的系统,风险也越大,失败的概率也越高,其中最明显的例子就是ERP。

因此,没有良好的管理基础而去实施ERP,就如同在一个地基没有建好的地方盖摩天大厦,时刻都会有倒塌的危险。

拓展练习

一、单选题

1. 设置凭证类别时，转账凭证的限制类型一般选择（　　）。
   A. 贷方必有　　　B. 凭证必有　　　C. 凭证必无　　　D. 借方必有
2. 输完凭证后，要对凭证进行审核，应先审核（　　）。
   A. 核算方式　　　B. 科目编码　　　C. 科目名称　　　D. 凭证类别
3. 会计科目建立的顺序是（　　）。
   A. 先建立下级科目，再建立上级科目　　B. 不分先后
   C. 先建立上级科目，再建立下级科目　　D. 先建立明细科目，再建立一级科目
4. 下列关于会计科目编码设置的描述不正确的是（　　）。
   A. 科目编码必须唯一
   B. 各级科目编码必须按会计制度的要求设定
   C. 科目编码应为全编码
   D. 科目编码应按级次的先后顺序建立
5. 如果库存管理系统没有和采购管理系统集成使用，采购入库单就需在（　　）系统中录入。
   A. 采购管理　　　B. 库存管理　　　C. 存货核算　　　D. 销售管理

二、多选题

1. 下列各项属于会计信息化特征的有（　　）。
   A. 集成性　　　B. 动态性　　　C. 全面性　　　D. 多元性
2. 会计信息化的层次可分为（　　）。
   A. 会计核算信息化　　　　　B. 财务管理信息化
   C. 预算管理信息化　　　　　D. 决策支持信息化
3. 在会计信息化条件下，会计系统提供会计信息多元化体现在（　　）。
   A. 提供时间的多元化　　　　B. 提供形式的多元化
   C. 提供属性的多元化　　　　D. 提供渠道的多元化
4. 会计信息化发展的信息管理阶段主要存在的问题有（　　）。
   A. 信息系统提供的信息滞后
   B. 输出形式单一
   C. 信息含量不充分，信息时效性差
   D. 会计管理功能间无法集成
5. 企业会计信息化工作规范所指的会计软件具有的功能包括（　　）。
   A. 为会计核算、财务管理直接采集数据
   B. 生成会计凭证、账簿、报表等会计资料
   C. 对会计资料进行查询、审核、监督
   D. 对会计资料进行转换、输出、分析、利用

三、判断题

1. 增值税专用发票属于外来、通用、一次性原始凭证。（　　）
2. 在总账系统中，取消出纳凭证的签字既可由出纳员自己进行，也可由会计主管进行。（　　）
3. 无论往来核算在总账管理系统还是在应收、应付款管理系统，有往来辅助核算的科目都要按明细录入数据。（　　）
4. 数据权限分配中的科目权限用于限制用户能够对哪些科目数据进行查询、录入，用于总账、应收、应付款管理系统科目权限控制。（　　）
5. 总账系统参数"凭证"选项卡中的参数随时可以调整。（　　）

四、业务操作题

自 2020 年 3 月 1 日起，鸿途集团将煤焦化板块——金州鸿途煤焦化有限公司纳入财务数字化平台管控范畴，需要进行业务单元创建与维护。金州鸿途煤焦化有限公司相关业务单元信息如下：

业务单元编码：5001；

上级业务单元：鸿途集团股份有限公司；

业务单元组织职能：该单位为法人公司，具有财务、人力资源、销售、采购、行政、预算的职能。

依据以上业务单元的新增或变动信息，在财务数字化平台上进行组织信息的数据维护。

【画龙点睛】

请扫码查看对拓展练习进行的点拨。

项目 5

财务数字化：账务业务处理

知识目标

- 掌握维护会计期初数据的知识和方法；
- 掌握电子会计档案管理的知识和方法；
- 掌握采购与应付业务智能处理的知识和方法；
- 掌握销售与应收业务智能处理的知识和方法；
- 掌握费用业务智能处理的知识和方法；
- 掌握固定资产业务处理的基本方法；
- 掌握日常及月末会计核算业务处理的基本方法。

技能目标

- 能够完成企业总账及分类账期初数据的录入工作；
- 能够完成电子会计档案归档工作；
- 能够完成采购信息登记、应付类业务的审核处理工作；
- 能够完成销售信息登记、应收类业务的审核处理工作；
- 能够完成费用报销审核、结算与账务处理工作；
- 能够完成固定资产业务与账务处理工作；
- 能够完成日常及月末会计核算业务处理工作。

素质目标

- 培养学生根据会计岗位职责自觉进行业务处理、审核和管理的素质；
- 培养学生具备基于财务数字化平台初始化中会计期初数据维护的能力；
- 培养学生具备基于财务数字化平台会计基础档案管理的能力；
- 培养学生具备基于财务数字化平台会计核算岗位工作的能力。

项目5 财务数字化：账务业务处理

知识串联

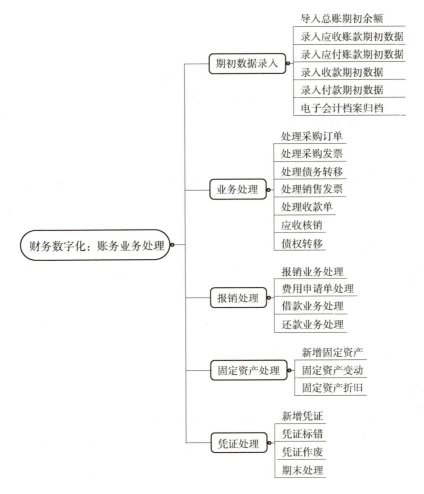

任务 5.1　期初数据录入

【学习情境】

用户在启用信息系统时，首先要对新系统进行数据的初始化设置。要启用财务数字化平台上的总账系统，就要将各账户的期初余额录入总账系统中，作为开始录入日常业务之前的准备。那么，具体该如何进行期初数据的录入工作呢？

【学习目标】

通过训练，使学生掌握总账系统中各账户期初数据录入的基本方法，能够在财务数字化平台上完成总账业务、固定资产、费用管理、税种税率等基础档案的设置和维护。

任务 5.1.1　导入总账期初余额

【学习情境】

用户在财务数字化平台上建账并处理相关业务时，就要将财务期初数据录入总账系统中。那么，在建账过程中如何将总账期初余额导入财务数字化平台的总账系统呢？

【学习目标】

通过训练，使学生掌握在总账系统中导入总账期初余额的基本方法，能够在财务数字化平台上完成总账期初数据录入总账系统的工作。

【知识储备】

操作步骤 1：初始页面——【菜单首页】

点击右上角"日期"，切换业务日期→点击"确定"→点击左上角的"四叶草"图案→点击"财务会计"—"总账"→点击总账期初余额区域的"总账期初余额"→进入【总账期初余额】页面。

操作步骤 2：一级页面——【总账期初余额】

选择财务组织→点击"确定"→点击"更多"→点击导入导出菜单下的"导入"，弹出导入 Excel 窗口→导入方式选择"按编码"，精度处理选择"四舍五入"→选择"覆盖"→点击"导入"→选择填有总账期初余额的 Excel 表格→点击"确定"→导入成功后，点击"保存"→点击"建账-期初建账"。

【任务清单 5.1.1】 导入总账期初余额

项目	任务内容
任务情境	2020年3月，鸿途集团要求广东海地格电器有限公司在集团财务数字化平台上建账并处理相关业务，在财务数字化平台上录入该公司的财务期初数据，建账期初期间为2020年3月。 总账期初数据参见桌面附件文件夹中"总账期初余额表"文件。
任务目标	2020年3月29日，在财务数字化平台上录入该公司的总账期初数据。 注：导入文件时，选择按编码导入。
任务实施	（1） （2） （3） （4） （5）
任务点拨	
任务总结	通过完成上述任务，你学到了哪些知识或技能？

任务 5.1.2　录入应收账款期初数据

【学习情境】

用户在财务数字化平台上建账并处理相关业务时，就要将财务期初数据录入系统中。那么，在建账过程中如何将应收账款期初余额录入财务数字化平台呢？

【学习目标】

通过训练，使学生掌握在财务数字化平台上录入应收账款期初余额的基本方法，能够在财务数字化平台上完成应收账款期初数据录入系统的工作。

【知识储备】

操作步骤1：初始页面——【菜单首页】

点击右上角"日期"，切换业务日期→点击"确定"→点击左上角的"四叶草"图案→点击"财务会计"—"应收管理"→点击期初余额区域的"应收期初"→进入【应收期初】页面。

操作步骤2：一级页面——【应收期初】

点击"新增"→选择财务组织→点击"增行"→选择客户→点击"确定"→在"借方原币金额"中输入相应金额→选择相应税码→点击"保存"。

【任务清单5.1.2】 录入应收账款期初数据

项目	任务内容
任务情境	2020年3月，鸿途集团要求广东海地格电器有限公司在集团财务数字化平台上建账并处理相关业务，在财务数字化平台上录入该公司的财务期初数据（表5-1），建账期初期间为2020年3月。 表5-1 应收账款期初数据 | 科目编码	科目名称	客户	借方余额
---	---	---	---
1122	应收账款	北京市投资开发有限公司	361 600.00
		天海集团总公司	159 570.00
		天海化工有限责任公司	134 384.00
		天海世纪化工有限公司	512 022.00
		天海通达化工有限公司	193 284.00	
任务目标	2020年3月29日，在财务数字化平台上录入该公司的应收账款期初数据。
任务实施	（1） （2） （3） （4） （5）
任务点拨	
任务总结	通过完成上述任务，你学到了哪些知识或技能？

任务 5.1.3　录入应付账款期初数据

【学习情境】

用户在财务数字化平台上建账并处理相关业务时，就要将财务期初数据录入系统中。那么，在建账过程中如何将应付账款期初余额录入财务数字化平台呢？

【学习目标】

通过训练，使学生掌握在财务数字化平台上录入应付账款期初余额的基本方法，能够在财务数字化平台上完成应付账款期初数据录入系统的工作。

【知识储备】

操作步骤1：初始页面——【菜单首页】

点击右上角"日期"，切换业务日期→点击"确定"→点击左上角的"四叶草"图案→点击"财务会计"—"应付管理"→点击期初余额区域的"应付期初"→进入【应付期初】页面。

操作步骤2：一级页面——【应付期初】

点击"新增"→选择财务组织→点击"增行"→选择供应商→点击"确定"→在"贷方原币金额"中输入相应金额→选择相应税码→点击"保存"。

【任务清单5.1.3】 录入应付账款期初数据

项目	任务内容
任务情境	2020年3月，鸿途集团要求广东海地格电器有限公司在集团财务数字化平台上建账并处理相关业务，在财务数字化平台上录入该公司的财务期初数据（表5-2），建账期初期间为2020年3月。 表5-2 应付账款期初数据 | 科目编码	科目名称	供应商	贷方余额
---	---	---	---
220201	应付货款	东莞金立电子有限公司	400 000.00
		深圳伟豪电子科技有限公司	480 860.00	
任务目标	2020年3月29日，在财务数字化平台上录入该公司的应付账款期初数据。
任务实施	（1） （2） （3） （4） （5）
任务点拨	
任务总结	通过完成上述任务，你学到了哪些知识或技能？

任务 5.1.4　录入收款期初数据

【学习情境】

用户在财务数字化平台上建账并处理相关业务时，就要将财务期初数据录入系统中。那么，在建账过程中如何将收款期初数据录入财务数字化平台呢？

【学习目标】

通过训练，使学生掌握在财务数字化平台上录入收款期初数据的基本方法，能够在财务数字化平台上完成收款期初数据录入系统的工作。

【知识储备】

操作步骤1：初始页面——【菜单首页】

点击右上角"日期"，切换业务日期→点击"确定"→点击左上角的"四叶草"图案→点击"财务会计"—"应收管理"→点击期初余额区域的"收款期初"→进入【收款期初】页面。

操作步骤2：一级页面——【收款期初】

点击"新增"→选择财务组织→选择客户→选择收款业务类型→选择收款性质→在"贷方原币金额"中输入相应金额→点击"保存"。

【任务清单5.1.4】 录入收款期初数据

项目	任务内容
任务情境	2020年3月，鸿途集团要求广东海地格电器有限公司在集团财务数字化平台上建账并处理相关业务，在财务数字化平台上录入该公司的财务期初数据（表5-3），建账期初期间为2020年3月。 表5-3 预收账款期初数据 | 科目编码	科目名称	客户	贷方余额
---	---	---	---
220501	预收账款	天海集团总公司	150 000.00	
任务目标	2020年3月29日，在财务数字化平台上录入该公司的收款期初数据。
任务实施	（1） （2） （3） （4） （5）
任务点拨	
任务总结	通过完成上述任务，你学到了哪些知识或技能？

任务 5.1.5　录入付款期初数据

【学习情境】

用户在财务数字化平台上建账并处理相关业务时，就要将财务期初数据录入系统中。那么，在建账过程中如何将付款期初数据录入财务数字化平台呢？

【学习目标】

通过训练，使学生掌握在财务数字化平台上录入付款期初数据的基本方法，能够在财务数字化平台上完成付款期初数据录入系统的工作。

【知识储备】

操作步骤1：初始页面——【菜单首页】

点击右上角"日期"，切换业务日期→点击"确定"→点击左上角的"四叶草"图案→点击"财务会计"—"应付管理"→点击期初余额区域的"付款期初"→进入【付款期初】页面。

操作步骤2：一级页面——【付款期初】

点击"新增"→选择财务组织→选择供应商→选择付款业务类型→选择付款性质→在"借方原币金额"中输入相应金额→点击"保存"。

【任务清单5.1.5】 录入付款期初数据

项目	任务内容
任务情境	2020年3月，鸿途集团要求广东海地格电器有限公司在集团财务数字化平台上建账并处理相关业务，在财务数字化平台上录入该公司的财务期初数据（表5-4），建账期初期间为2020年3月。 表5-4 预付账款期初数据 | 科目编码	科目名称	供应商	借方余额
---	---	---	---
112301	预付货款	东莞金立电子有限公司	150 000.00	
任务目标	2020年3月29日，在财务数字化平台上录入或导入该公司的付款期初数据。
任务实施	（1） （2） （3） （4） （5）
任务点拨	
任务总结	通过完成上述任务，你学到了哪些知识或技能？

任务 5.1.6　电子会计档案归档

【学习情境】

2016年1月1日，我国开始执行财政部发布的《会计档案管理办法》，该办法规定单位内部形成的电子会计资料和从外部接收的原始凭证，同时满足条件的，可仅以电子形式归档保存。因此，学习和掌握电子会计档案的管理技能已成为会计从业人员的基本技能，那么，在财务数字化平台上如何进行电子会计档案归档呢？

【学习目标】

通过训练，使学生掌握在财务数字化平台上进行电子会计档案归档的基本方法，能够在财务数字化平台上完成电子会计档案归档的工作。

【知识储备】

操作步骤：初始页面——【菜单首页】

点击左上角"档案管理"—"归档"→点击第二行"KJ"→点击展开相应月份→点击"一键归档"→点击"确定"→进度完成后，点击"确定"。

【任务清单 5.1.6】 电子会计档案归档

项目	任务内容
任务情境	2020年3月31日,档案管理员张艺根据《会计档案管理办法》及企业会计核算规范,在财务数字化平台上对广东海地格电器有限公司2020年3月份的电子会计档案进行一键归档。
任务目标	在财务数字化平台上对广东海地格电器有限公司2020年3月份的电子会计档案进行一键归档。
任务实施	(1) (2) (3) (4) (5)
任务点拨	
任务总结	通过完成上述任务,你学到了哪些知识或技能?

任务 5.2　业务处理

【学习情境】

在财务数字化平台上，进行从采购、销售等业务事项到会计核算的日常处理，满足企业基础会计核算的需求。利用财务数字化平台的相关应用，可以进行业务财务一体化处理，以及其他一些智能化的处理，从而满足企业对财务进行数字化管理的要求。那么，在财务数字化平台上如何对采购、销售等业务进行处理呢？

【学习目标】

通过训练，使学生掌握在财务数字化平台上进行采购、销售等业务处理的基本方法，能够在财务数字化平台上完成采购、销售等业务相关事项的处理工作。

任务 5.2.1　处理采购订单

【学习情境】

利用财务数字化平台的相关应用，可以进行业务财务一体化处理，以及其他一些智能化的处理，从而满足企业对财务进行数字化管理的要求。那么，在财务数字化平台上如何对采购订单进行业务处理呢？

【学习目标】

通过训练，使学生掌握在财务数字化平台上对采购订单业务处理的基本方法，能够在财务数字化平台上完成新增采购订单的工作。

【知识储备】

操作步骤1：初始页面——【菜单首页】

点击右上角"日期"，切换业务日期→点击"确定"→点击左上角的"四叶草"图案→点击"供应链"—"采购管理"→点击"采购订单新增"，进入【采购订单详情】一级页面；或者点击采购发票区域的"采购订单新增"，进入【采购订单详情】一级页面→点击"新增"—"自制"。

操作步骤2：二级页面——【采购订单详情】

选择采购组织→点击"确定"→选择订单类型→点击"确定"→选择对应供应商→点击"确定"→选择采购部门→点击"确定"→选择对应物料编码→点击"确定"→输入对应数量→点击"保存提交"。

【任务清单5.2.1】 处理采购订单

项目	任务内容
任务情境	2020年3月2日,在财务数字化平台上根据原煤采购合同信息(图5-1),新增采购订单。 **原煤采购合同** 合同编码:HT-CG-202003020002 **甲方:鸿途集团水泥有限公司** 地址:郑州市管城区第八大街经北一路136号 开户银行:中国工商银行郑州分行管城支行 银行账号:3701239319189278310 **乙方:中煤集团有限公司** 地址:北京市二环路390号 开户银行:中国工商银行北京东城分行 银行账号:6000240324878450000 　　为了保护甲乙双方的合法权益,甲乙双方根据《中华人民共和国合同法》的有关规定,经友好协商,一致同意签订本合同,本合同自双方签字盖章之日起至2020年12月31日止有效。 　　一、采购合同明细 | 货物名称	单位	数量	无税单价	无税金额	税额	含税金额
---	---	---	---	---	---	---
原煤	吨	40	500.00	20 000.00	2 600.00	22 600.00
合计			500.00	20 000.00	2 600.00	22 600.00

合计人民币:(大写)贰万贰仟陆佰元整(¥22 600.00)。
　　二、付款时间与付款方式
　　发票随货,并于当月底完成当月订单的总款项结算。
　　三、交货地址及到货日期
　　乙方在发出采购订单后的10日内,将货物送至:郑州市管城区第八大街经北一路136号 鸿途集团水泥有限公司原料库房。
　　四、运输方式与运输费
　　1.合同金额已包含运费,买方不再额外支付运费。运输方式由卖方安排,卖方务必确保按合同的"到货日期"将货物运抵鸿途集团水泥有限公司库房;如延期交货,每日按该笔货物金额的2%收取。

甲方:鸿途集团水泥有限公司
授权代表:范海亮
(盖章)
日期:2020年3月2日

乙方:中煤集团有限公司
授权代表:王宝国
(盖章)
日期:2020年3月2日

图5-1 原煤采购合同 |

续表

项目	任务内容
任务目标	通过"采购订单维护"菜单,新增采购订单。采购部门:0601 供应处办公室。
任务实施	(1) (2) (3) (4) (5)
任务点拨	
任务总结	通过完成上述任务,你学到了哪些知识或技能?

任务 5.2.2　处理采购发票

【学习情境】

利用财务数字化平台的相关应用，可以进行业务财务一体化处理，以及其他一些智能化的处理，从而满足企业对财务进行数字化管理的要求。那么，在财务数字化平台上如何根据采购信息对采购发票业务进行处理呢？

【学习目标】

通过训练，使学生掌握在财务数字化平台上处理采购发票业务的基本方法，能够在财务数字化平台上根据采购入库单完成生成采购发票的工作。

【知识储备】

操作步骤 1：初始页面——【菜单首页】

点击右上角"日期"，切换业务日期→点击"确定"→点击左上角的"四叶草"图案→点击"供应链"—"采购管理"→点击采购发票区域的"收票"，进入【选择订单/入库单】页面；或者点击采购发票区域的"采购发票维护"，进入【采购发票列表】一级页面→点击"新增"—"收票"。

操作步骤 2：二级页面——【选择订单/入库单】

选择结算财务组织→点击"确定"→选择单据日期范围→点击"查询"，查询、勾选相应采购入库单→点击"生成发票"→点击"保存提交"。

【任务清单 5.2.2】 处理采购发票

项目	任务内容
任务情境	2020 年 3 月 5 日，鸿途集团水泥有限公司提出物资采购需求，请购信息如表 5-5 所示。 表 5-5　请购信息 | 项目名称	需求数量	供应商
---	---	---
原煤	1 000 吨	中煤集团有限公司	 2020 年 3 月 8 日，原煤过磅，到货并检验入库，发票随货同到，发票信息如图 5-2 所示。 图 5-2　发票信息
任务目标	根据以上信息，在财务数字化平台上根据供应链模块中的采购入库单生成采购发票。
任务实施	（1） （2）

续表

项目	任务内容
任务实施	（3） （4） （5）
任务点拨	
任务总结	通过完成上述任务，你学到了哪些知识或技能？

任务 5.2.3　处理债务转移

【学习情境】

利用财务数字化平台的相关应用，可以进行业务财务一体化处理，以及其他一些智能化的处理，从而满足企业对财务进行数字化管理的要求。那么，在财务数字化平台上如何根据采购信息对债务转移业务进行处理呢？

【学习目标】

通过训练，使学生掌握在财务数字化平台上处理债务转移业务的基本方法，能够在财务数字化平台上根据采购信息完成债务转移的工作。

【知识储备】

操作步骤 1：初始页面——【菜单首页】

点击右上角"日期"，切换业务日期→点击"确定"→点击左上角的"四叶草"图案→点击"财务会计"—"应付管理"→点击应付日常业务区域的"债务转移执行"，进入【债务转移执行】页面。

操作步骤 2：一级页面——【债务转移执行】

选择财务组织→点击"确定"→选择对应供应商→点击"确定"→选择对应币种档案→点击"确定"→选择业务日期范围→点击"查询"，查询相应单据→选择相应转移日期→选择相应转入户→点击"确定"→勾选相应转移单据→点击"确认转移"→自动生成相应凭证→点击左上角的"四叶草"图案→点击"财务会计"—"总账"→点击凭证管理区域的"凭证查询"，进入【凭证列表】页面。

操作步骤 3：一级页面——【凭证列表】

选择会计核算账簿→点击"确定"→选择单据日期范围→点击"查询"，查询债务转移生成的凭证。

【任务清单5.2.3】 处理债务转移

项目	任务内容
任务情境	2020年3月10日，在财务数字化平台上将鸿途集团水泥有限公司供应商天海集团有限公司的应付款180 000元转移给供应商东莞市大朗昌顺五金加工厂，生成相应的记账凭证，并查询已生成的"应付并账转出"凭证。
任务目标	根据要求在财务数字化平台上处理债务转移，生成相应的记账凭证，并查询已生成的"应付并账转出"凭证。
任务实施	（1） （2） （3） （4） （5）
任务点拨	
任务总结	通过完成上述任务，你学到了哪些知识或技能？

任务 5.2.4　处理销售发票

【学习情境】

利用财务数字化平台的相关应用，可以进行业务财务一体化处理，以及其他一些智能化的处理，从而满足企业对财务进行数字化管理的要求。那么，在财务数字化平台上如何根据销售信息对销售发票业务进行处理呢？

【学习目标】

通过训练，使学生掌握在财务数字化平台上处理销售发票业务的基本方法，能够在财务数字化平台上根据销售信息完成销售发票的处理工作。

【知识储备】

操作步骤1：初始页面——【菜单首页】

点击右上角"日期"，切换业务日期→点击"确定"→点击左上角的"四叶草"图案→点击"供应链"—"销售管理"→点击"开票"，进入【选择订单/出库单】页面；或者点击销售发票区域的"销售发票维护"，进入【销售发票列表】页面→点击"开票"。

操作步骤2：二级页面——【选择订单/出库单】

选择结算财务组织→点击"确定"→选择单据日期范围→点击"查询"，查询、勾选相应销售出库单→点击"生成销售发票"→选择相应发票类型→点击"确定"→点击"保存"→点击"提交"，自动生成应收单→点击左上角的"四叶草"图案→点击"财务会计"—"应收管理"→点击应收日常业务区域的"应收单管理"，进入【应收单列表】页面。

操作步骤3：一级页面——【应收单列表】

选择财务组织→选择日期范围→点击"查询"，查询销售发票自动生成对应的应收单→点击"自由状态"的蓝色单据号，进入【应收点击详情】页面→点击"提交"。

【任务清单 5.2.4】 处理销售发票

项目	任务内容
任务情境	2020年3月初，鸿途集团水泥有限公司与客户签订一批水泥销售订单，2020年3月10日，发货并开具增值税专用发票（图5-3）。 图 5-3 增值税专用发票
任务目标	在财务数字化平台上完成销售发票的录入工作，自动生成对应的应收单，查询并提交应收单。
任务实施	（1） （2） （3）

续表

项目	任务内容
任务实施	（4） （5）
任务点拨	
任务总结	通过完成上述任务，你学到了哪些知识或技能？

项目5　财务数字化：账务业务处理

任务 5.2.5　处理收款单

【学习情境】

利用财务数字化平台的相关应用，可以进行业务财务一体化处理，以及其他一些智能化的处理，从而满足企业对财务进行数字化管理的要求。那么，在财务数字化平台上如何根据销售及收款信息对收款单业务进行处理呢？

【学习目标】

通过训练，使学生掌握在财务数字化平台上处理收款单业务的基本方法，能够在财务数字化平台上根据销售及收款信息完成收款单的处理工作。

【知识储备】

操作步骤1：初始页面——【菜单首页】

点击右上角"日期"，切换业务日期→点击"确定"→点击左上角的"四叶草"图案→点击"财务会计"—"应收管理"→点击收款日常业务区域的"收款单管理"，进入【收款单列表】页面→点击"新增"—"自制"。

操作步骤2：二级页面——【收款单列表】

选择财务组织→点击"确定"→选择往来对象→选择相应客户→点击"确定"→选择相应部门→点击"确定"→选择相应结算方式→点击"确定"→选择相应收款银行账号→点击"确定"→选择相应物料→点击"确定"→选择相应收款业务类型→点击"确定"→输入贷方原币相应金额→点击"保存提交"。

操作步骤3：审核页面——【菜单首页】

点击左上角的"四叶草"图案→点击"动态建模平台"—"流程管理"→点击审批管理区域的"审批中心"，进入【审批列表】页面→在审批列表中点击相应"收款单"→点击"批准"→在审核页面点击"已审核"→在已审核列表中找到对应收款单，进入→点击"详情"→点击"更多"→点击"联查凭证"，联查自动生成的凭证。

【任务清单5.2.5】 处理收款单

项目	任务内容
任务情境	2020年3月15日,鸿途集团水泥有限公司收到客户用网银支付的货款,具体信息如图5-4所示。 **ICBC 中国工商银行** 电子回单(收款) 金融@家 入账日期:2020-03-15　　　　　　　　　　　　　电子回单号:20200315002895 付款单位　户名:天海集团总公司 　　　　　账号:5001942094567821 03 　　　　　开户行:中国工商银行尚义县支行 收款单位　户名:鸿途集团水泥有限公司 　　　　　账号:3701239319189278309 　　　　　开户行:中国工商银行郑州管城支行 金额(大写):叁拾万圆整　　金额(小写):¥300,000.00 转账用途:202003水泥款 制单人:罗琳　　流水号:000098　　银行签章:(电子回单专用章) 图5-4　电子回单
任务目标	(1) 在财务数字化平台上录入以上业务对应的收款单; (2) 在财务数字化平台上审核收款单,自动生成对应的凭证,并在审批中心已审批单据中联查生成的记账凭证。 注:收款单录入时,部门选择"财务处办公室";物料选择:"060101000001 PC32.5袋装水泥"。
任务实施	(1) (2) (3) (4) (5)
任务点拨	
任务总结	通过完成上述任务,你学到了哪些知识或技能?

任务 5.2.6　应收核销

【学习情境】

利用财务数字化平台的相关应用，可以进行业务财务一体化处理，以及其他一些智能化的处理，从而满足企业对财务进行数字化管理的要求。那么，在财务数字化平台上如何根据销售及收款信息对应收单进行核销业务处理呢？

【学习目标】

通过训练，使学生掌握在财务数字化平台上处理应收单核销业务的基本方法，能够在财务数字化平台上根据销售及收款信息完成应收单核销的工作。

【知识储备】

操作步骤1：初始页面——【菜单首页】

点击左上角的"四叶草"图案→点击"财务会计"—"应收管理"→点击核销处理区域的"应收核销"，进入【应收核销】页面。

操作步骤2：核销页面——【应收核销】

点击"查询"→选择财务组织→点击"确定"→选择本方核销对象→点击"客户"→选择本方对象名称→点击"确定"→选择本方日期范围→选择对方对象名称→选择对方日期范围→点击"查询"→勾选进行核销的应收单和收款单→点击"核销"。

【任务清单5.2.6】 应收核销

项目	任务内容
任务情境	2020年3月10日,在财务数字化平台上将鸿途集团水泥有限公司客户天海集团总公司的收款单与该客户对应的应收单进行核销。
任务目标	在财务数字化平台上对客户的收款单与该客户对应的应收单进行核销。
任务实施	(1) (2) (3) (4) (5)
任务点拨	
任务总结	通过完成上述任务,你学到了哪些知识或技能?

任务 5.2.7　债权转移

【学习情境】

利用财务数字化平台的相关应用，可以进行业务财务一体化处理，以及其他一些智能化的处理，从而满足企业对财务进行数字化管理的要求。那么，在财务数字化平台上如何根据销售及收款信息对债权转移业务进行处理呢？

【学习目标】

通过训练，使学生掌握在财务数字化平台上处理债权转移业务的基本方法，能够在财务数字化平台上根据销售及收款信息完成债权转移的工作。

【知识储备】

操作步骤 1：初始页面——【菜单首页】

点击左上角的"四叶草"图案→点击"财务会计"—"应收管理"→点击应收日常业务区域的"债务转移执行"，进入【债务转移执行】页面。

操作步骤 2：一级页面——【债务转移执行】

选择财务组织→点击"确定"→选择对应客户档案→点击"确定"→选择对应币种档案→点击"确定"→选择日期范围→点击"确认转移"。

操作步骤 3：一级页面——【凭证列表】

点击左上角的"四叶草"图案→点击"财务会计"—"总账"→点击凭证管理区域的"凭证查询"，进入【凭证列表】页面→选择核算账簿→点击"确定"→选择制单日期范围→在列表中找到对应凭证→点击"查询"，查询债权转移生成的凭证。

【任务清单5.2.7】 债权转移

项目	任务内容
任务情境	2020年3月11日,在财务数字化平台上将鸿途集团水泥有限公司客户天海集团总公司的应收款280 000元转移给客户东莞市大朗昌顺五金加工厂,生成相应的记账凭证,并查询已生成的"应收并账转入"凭证。
任务目标	在财务数字化平台上完成债权转移工作,生成相应的记账凭证,并查询已生成的"应收并账转入"凭证。
任务实施	(1) (2) (3) (4) (5)
任务点拨	
任务总结	通过完成上述任务,你学到了哪些知识或技能?

任务 5.3　报销处理

【学习情境】

利用财务数字化平台费用管理系统可以实现企业基于互联网的费用报销业务，通过费用管理与审核应用，实现报销前的费用申请控制、报销过程中及报销后的费用分摊与调整等，并获取更多的查询报告。那么，在财务数字化平台上如何处理报销业务呢？

【学习目标】

通过训练，使学生掌握在财务数字化平台上进行费用报销审核、处理和核算的基本方法，能够在财务数字化平台上完成报销业务的工作。

任务 5.3.1　报销业务处理

【学习情境】

在财务数字化平台上通过费用管理与审核应用，可以实现对企业报销业务的管理。那么，在财务数字化平台上如何提交报销单据呢？

【学习目标】

通过训练，使学生掌握在财务数字化平台上进行费用报销审核、处理和核算的基本方法，能够在财务数字化平台上完成录入并提交报销单的工作。

【知识储备】

操作步骤 1：初始页面——【菜单首页】

点击右上角"日期"，切换业务日期→点击"确定"→点击左上角的"四叶草"图案→点击"财务会计"—"费用管理"→点击报销单区域的"通用报销单"，进入【填制通用报销单】页面。

操作步骤 2：一级页面——【填制通用报销单】

输入相应报销事由→点击"支出项目"→选择对应项目→点击"确定"→选择对应银行账户→点击"确定"→输入相应含税金额和税率→点击"保存提交"。

【任务清单 5.3.1】 报销业务处理

项目	任务内容
任务情境	2020年3月2日，鸿途集团水泥有限公司举办市场活动，销售员张猛招待客户花费420元，并取得餐饮费发票（图5-5）。 图 5-5　餐饮费发票
任务目标	在财务数字化平台上处理以上业务，录入并提交招待费报销单。 注：报销单中，报销事由为"招待客户"。收支项目为"020114 销售费用-业务招待费"，单位银行账号为"3701239319189278310"。
任务实施	（1） （2） （3）

续表

项目	任务内容
任务实施	（4） （5）
任务点拨	
任务总结	通过完成上述任务，你学到了哪些知识或技能？

任务 5.3.2　费用申请单处理

【学习情境】

在财务数字化平台上通过费用管理与审核应用，可以实现对企业报销业务的管理。那么，在财务数字化平台上如何提交费用申请单呢？

【学习目标】

通过训练，使学生掌握在财务数字化平台上进行费用报销审核、处理和核算的基本方法，能够在财务数字化平台上完成提交费用申请单的工作。

【知识储备】

操作步骤1：初始页面——【菜单首页】

点击右上角"日期"，切换业务日期→点击"确定"→点击左上角的"四叶草"图案→点击"财务会计"—"费用管理"→点击报销单区域的"费用申请单"，进入【费用申请单】页面。

操作步骤2：一级页面——【费用申请单】

点击"单据日期"，切换单据相应日期→输入费用事由→在费用明细中输入相应金额→点击"保存提交"。

【任务清单 5.3.2】 费用申请单处理

项目	任务内容
任务情境	2020年3月1日，销售服务办公室销售员张猛申请于2020年3月9—11日参加外部专业公司举办的互联网销售培训，申请金额5 000元。
任务目标	在财务数字化平台上提交费用申请单，申请金额5 000元。 注：单据上事由输入"培训费用申请"。
任务实施	（1） （2） （3） （4） （5）
任务点拨	
任务总结	通过完成上述任务，你学到了哪些知识或技能？

任务 5.3.3　借款业务处理

【学习情境】

在财务数字化平台上通过费用管理与审核应用，可以实现对企业报销业务的管理。那么，在财务数字化平台上如何处理借款业务呢？

【学习目标】

通过训练，使学生掌握在财务数字化平台上进行费用报销审核、处理和核算的基本方法，能够在财务数字化平台上完成员工借款业务并提交借款单的工作。

【知识储备】

操作步骤1：初始页面——【菜单首页】

点击右上角"日期"，切换业务日期→点击"确定"→点击左上角的"四叶草"图案→点击"财务会计"—"费用管理"→点击借款单区域的"通用借款单"，进入【填制通用借款单】页面。

操作步骤2：一级页面——【填制通用借款单】

输入借款事由→选择相应收支项目→点击"确定"→选择对应现金账户→点击"确定"→输入相应金额→点击"保存提交"。

【任务清单5.3.3】 借款业务处理

项目	任务内容
任务情境	2020年3月1日，鸿途集团水泥有限公司销售员张猛向财务部借款现金5 000元，用于组织专项业务市场活动，借款信息如图5-6所示。 **借款单** 部门：销售部　　　　2020年3月1日 借款用途：组织专项业务市场活动 借款金额： 人民币（大写）：伍仟元整　　现金付讫　　小写：5 000.00 ☒现金　　□支票　　□电汇 财务部经理：钱丹　复核：赵晓阳　部门经理：周进　借款人：张猛 图5-6　借款单
任务目标	在财务数字化平台上处理以上借款业务，生成对应借款单。 注：借款单中的收支项目选择"020299 市场活动借款"。
任务实施	（1） （2） （3） （4） （5）
任务点拨	
任务总结	通过完成上述任务，你学到了哪些知识或技能？

任务 5.3.4　还款业务处理

【学习情境】

在财务数字化平台上通过费用管理与审核应用，可以实现对企业报销业务的管理。那么，在财务数字化平台上如何处理还款业务呢？

【学习目标】

通过训练，使学生掌握在财务数字化平台上进行费用报销审核、处理和核算的基本方法，能够在财务数字化平台上完成员工还款业务并提交还款单的工作。

【知识储备】

操作步骤1：初始页面——【菜单首页】

点击右上角"日期"，切换业务日期→点击"确定"→点击左上角的"四叶草"图案→点击"财务会计"—"费用管理"→点击还款单区域的"还款单"，进入【还款单】页面。

操作步骤2：一级页面——【还款单】

勾选相应单据→点击"生成还款单"→点击"保存提交"。

【任务清单5.3.4】 还款业务处理

项目	任务内容
任务情境	2020年3月5日，鸿途集团水泥有限公司销售员张猛用现金归还借款910元，出纳员开具收到还款的收据，如图5-7所示。 图5-7 收款收据
任务目标	在财务数字化平台处理以上业务，生成对应的还款单并提交。
任务实施	（1） （2） （3） （4） （5）
任务点拨	
任务总结	通过完成上述任务，你学到了哪些知识或技能？

任务 5.4　固定资产处理

【学习情境】

企业应用财务数字化平台可以实现对固定资产全生命周期的价值管理。那么，在财务数字化平台上如何进行固定资产新增、固定资产变动的工作并对固定资产计提折旧呢？

【学习目标】

通过训练，使学生掌握在财务数字化平台上进行固定资产新增、变更和计提折旧的基本方法，能够在财务数字化平台上完成新增固定资产业务处理、固定资产信息变更登记、固定资产期末计提折旧业务处理的工作。

任务 5.4.1　新增固定资产

【学习情境】

依据企业资产管理部门提交的购置固定资产验收凭证等信息和企业固定资产管理核算的要求，财务部需要对新增的固定资产进行账务处理和管理。那么，在财务数字化平台上如何新增固定资产呢？

【学习目标】

通过训练，使学生掌握在财务数字化平台上新增固定资产的基本方法，能够在财务数字化平台上完成新增固定资产业务处理的工作。

【知识储备】

操作步骤 1：初始页面——【菜单首页】

点击右上角"日期"，切换业务日期→点击"确定"→点击左上角的"四叶草"图案→点击"财务会计"—"固定资产"→选择固定资产信息区域的"固定资产卡片维护"，进入【资产增加】页面→点击"新增"—"通用资产"→进入【资产增加详情】页面。

操作步骤 2：二级页面——【资产增加详情】

选择财务组织→点击"确定"→输入相应资产名称→选择相应资产类别→点击"确定"→选择增加方式→点击"确定"→选择使用状况→点击"确定"→选择管理部门→点击"确定"→选择使用部门→点击"确定"→输入资产原币原值→点击"保存"。

【任务清单 5.4.1】 新增固定资产

项目	任务内容
任务情境	2020 年 3 月 18 日，大连鸿途水泥有限公司供应处办公室购买了 1 台空调，供应商为庆峰五金贸易公司，每台价格 1 999 元，购货发票如图 5-8 所示。 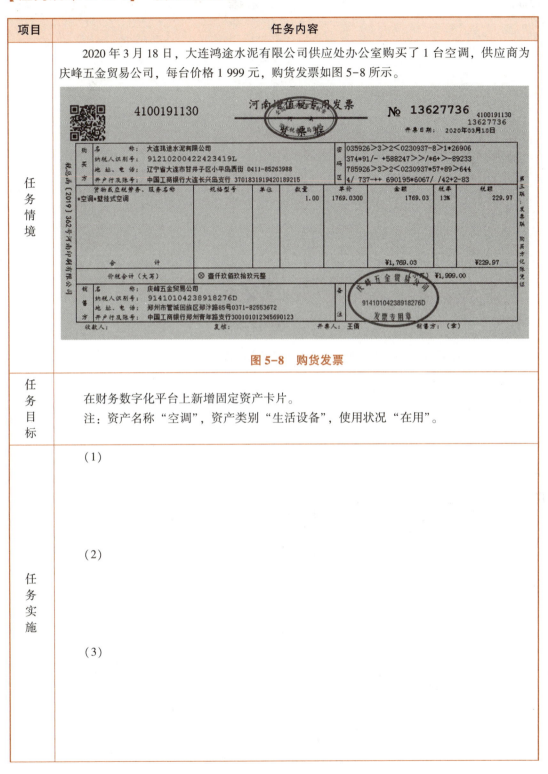 图 5-8 购货发票
任务目标	在财务数字化平台上新增固定资产卡片。 注：资产名称"空调"，资产类别"生活设备"，使用状况"在用"。
任务实施	(1) (2) (3)

续表

项目	任务内容
任务实施	（4） （5）
任务点拨	
任务总结	通过完成上述任务，你学到了哪些知识或技能？

任务 5.4.2 固定资产变动

【学习情境】

依据企业资产管理部门提交的固定资产变动等相关单据信息,财务部需要对固定资产的信息进行变动登记,完成固定资产变动的工作。那么,在财务数字化平台上如何完成固定资产信息变动的工作呢?

【学习目标】

通过训练,使学生掌握在财务数字化平台上处理固定资产变动的基本方法,能够在财务数字化平台上完成固定资产信息变动的工作。

【知识储备】

操作步骤1:初始页面——【菜单首页】

点击右上角"日期",切换业务日期→点击"确定"→点击左上角的"四叶草"图案→点击"财务会计"—"固定资产"→点击固定资产变动区域的"固定资产使用部门变动",进入【固定资产使用部门变动】页面。

操作步骤2:一级页面——【固定资产使用部门变动】

点击"新增"→选择财务组织→点击"固定资产编码",选择相应编码→点击"确定"→点击"变动后使用部门",更改相应使用部门→点击"确定"→点击"保存提交"。

【任务清单5.4.2】 固定资产变动

项目	任务内容
任务情境	2020年3月12日，鸿途集团水泥有限公司原来由销售服务办公室（部门编码：0501）使用的一台笔记本电脑（属于电子设备）调整至供应处办公室（部门编码：0601）。笔记本电脑具体信息如下： 商品名称：ThinkPad 翼480； 屏幕尺寸：14.0英寸； 系列：ThinkPad-E系列； 分类：轻薄本； 原值：4 900元，累计折旧：816.66元（半年）。
任务目标	根据以上信息，在财务数字化平台上完成固定资产信息变动的工作。
任务实施	(1) (2) (3) (4) (5)
任务点拨	
任务总结	通过完成上述任务，你学到了哪些知识或技能？

任务 5.4.3　固定资产折旧

【学习情境】

依据《企业会计准则》和企业固定资产管理要求，企业需要对固定资产进行期末计提折旧的业务处理。那么，在财务数字化平台上期末如何计提固定资产折旧呢？

【学习目标】

通过训练，使学生掌握在财务数字化平台上进行固定资产期末计提折旧的基本方法，能够在财务数字化平台上完成固定资产期末计提折旧的工作。

【知识储备】

操作步骤1：初始页面——【菜单首页】

点击右上角"日期"，切换业务日期→点击"确定"→点击左上角的"四叶草"图案→点击"财务会计"—"固定资产"→点击期末处理区域的"折旧与摊销"，进入【折旧与摊销】页面。

操作步骤2：一级页面——【折旧与摊销】

选择财务组织→点击"确定"→点击"查询"→点击"计提折旧"，生成记账凭证。

操作步骤3：一级页面——【凭证列表】

进入【凭证查询】页面→点击左上角的"四叶草"图案→点击"财务会计"—"总账"→点击凭证管理区域的"凭证查询"，进入【凭证列表】页面→选择核算账簿→点击"确定"→选择制单日期范围→在列表中找到对应凭证，双击查询折旧与摊销生成的相应的凭证。

【任务清单5.4.3】 固定资产折旧

项目	任务内容
任务情境	2020年3月31日，鸿途集团水泥有限公司财务部统一对公司固定资产计提当月折旧，生成记账凭证，并查询已生成的记账凭证。
任务目标	在财务数字化平台上完成固定资产计提折旧工作。
任务实施	（1） （2） （3） （4） （5）
任务点拨	
任务总结	通过完成上述任务，你学到了哪些知识或技能？

任务 5.5　凭证处理

【学习情境】

会计核算记录企业日常发生的经济业务，经济业务在会计核算中体现为会计记账凭证，因此，会计记账凭证管理是会计核算的核心内容。在财务数字化平台上，会计记账凭证的来源包括手工直接录入、各类业务单据通过会计平台生成记账凭证、通过接口从外部系统导入。那么，在财务数字化平台上如何处理会计记账凭证呢？

【学习目标】

通过训练，使学生掌握在财务数字化平台上处理会计记账凭证的基本方法，能够在财务数字化平台上完成新增凭证、凭证标错、凭证作废及期末处理等工作。

任务 5.5.1　新增凭证

【学习情境】

在财务数字化平台上，会计记账凭证的来源包括手工直接录入、各类业务单据通过会计平台生成记账凭证、通过接口从外部系统导入。那么，在财务数字化平台上如何新增会计记账凭证呢？

【学习目标】

通过训练，使学生掌握在财务数字化平台上新增会计记账凭证的基本方法，能够在财务数字化平台上完成新增会计记账凭证的工作。

【知识储备】

操作步骤 1：初始页面——【菜单首页】

点击右上角"日期"，切换业务日期→点击"确定"→点击左上角的"四叶草"图案→点击"财务会计"—"总账"→点击凭证管理区域的"凭证维护"，进入【凭证维护】页面。

操作步骤 2：一级页面——【凭证维护】

点击"新增"→选择核算账簿→点击"确定"→输入相应摘要内容→选择相应会计科目，如有辅助核算项目，再选择相应选项→输入借、贷方金额→点击"保存"。

【任务清单5.5.1】 新增凭证

项目	任务内容
任务情境	广东海地格电器有限公司2020年3月开始应用财务数字化平台处理相关业务，部分业务尚未实现业务财务一体化，由财务人员在总账系统中录入相关凭证。 广东海地格电器有限公司缴纳3月份办公楼水费，缴费发票如图5-9所示。 图5-9 缴费发票
任务目标	2020年3月31日，在财务数字化平台上处理上述非自动生成的凭证，依据原始凭证填制记账凭证。 注：凭证摘要录入"缴纳水费"。
任务实施	（1） （2） （3）

续表

项目	任务内容
任务实施	（4） （5）
任务点拨	
任务总结	通过完成上述任务，你学到了哪些知识或技能？

任务 5.5.2　凭证标错

【学习情境】

会计记账凭证的审核是一项既基础又重要的工作，依据权限分工，凭证审核人员要审核会计记账凭证所选会计科目的正确性、分录金额的准确性、填列项目的完整性、摘要描述的准确性、有关人员签章的完整性、凭证附件的合法性等，对存在问题的会计凭证进行标错和退回。那么，在财务数字化平台上如何对有问题的会计记账凭证进行标错呢？

【学习目标】

通过训练，使学生掌握在财务数字化平台上对有问题的会计记账凭证标错的基本方法，能够在财务数字化平台上完成对有问题的会计凭证标错的工作。

【知识储备】

操作步骤1：初始页面——【菜单首页】

点击右上角"日期"，切换业务日期→点击"确定"→点击左上角的"四叶草"图案→点击"财务会计"—"总账"→点击凭证管理区域的"凭证审核"，进入【凭证审核】页面。

操作步骤2：一级页面——【凭证审核】

选择财务组织→选择制单日期范围→点击"查询"→在凭证列表中双击相应的记账凭证→点击"凭证标错"→在弹框中输入相关信息→点击"确定"。

【任务清单5.5.2】 凭证标错

项目	任务内容
任务情境	2020年3月3日,鸿途集团水泥有限公司会计发现本月第3号凭证的会计科目选择有误,对凭证进行标错处理。
任务目标	在财务数字化平台上查询出本月第3号凭证,审核时标错,并输入标错信息"第一条会计科目错误"。
任务实施	(1) (2) (3) (4) (5)
任务点拨	
任务总结	通过完成上述任务,你学到了哪些知识或技能?

任务 5.5.3　凭证作废

【学习情境】

会计记账凭证的审核是一项既基础又重要的工作，依据权限分工，凭证审核人员要审核会计记账凭证所选会计科目的正确性、分录金额的准确性、填列项目的完整性、摘要描述的准确性、有关人员签章的完整性、凭证附件的合法性等，对存在问题的会计凭证进行标错和退回。那么，在财务数字化平台上如何对有问题的会计记账凭证进行作废处理呢？

【学习目标】

通过训练，使学生掌握在财务数字化平台上对有问题的会计记账凭证作废的基本方法，能够在财务数字化平台上完成对有问题的会计凭证作废的工作。

【知识储备】

操作步骤1：初始页面——【菜单首页】

点击右上角"日期"，切换业务日期→点击"确定"→点击左上角的"四叶草"图案→点击"财务会计"—"总账"→点击凭证管理区域的"凭证维护"，进入【凭证维护】页面。

操作步骤2：一级页面——【凭证维护】

选择财务组织→选择制单日期范围→点击"查询"→在凭证列表中双击相应的记账凭证→点击"作废"。

【任务清单5.5.3】 凭证作废

项目	任务内容
任务情境	2020年3月3日,鸿途集团水泥有限公司财务部经理在审核凭证时,发现本月第4号凭证业务不合规,要求会计将原始票据退回,并将第4号凭证做作废处理。
任务目标	在财务数字化平台上查询出本月第4号凭证,并做作废处理。
任务实施	(1) (2) (3) (4) (5)
任务点拨	
任务总结	通过完成上述任务,你学到了哪些知识或技能?

任务 5.5.4　期末处理

【学习情境】

企业在每月或年末都要依据期末业务处理规则对当月会计核算进行会计期末业务处理，完成期末损益类科目的计算和结转。那么，在财务数字化平台上如何完成期末账务处理工作呢？

【学习目标】

通过训练，使学生掌握在财务数字化平台上处理期末会计账务的基本方法，能够在财务数字化平台上完成期末账务处理的工作。

【知识储备】

操作步骤 1：初始页面——【菜单首页】

点击右上角"日期"，切换业务日期→点击"确定"→点击左上角的"四叶草"图案→点击"财务会计"—"总账"→点击自定义转账区域的"自定义转账执行"，进入【自定义转账执行】页面。

操作步骤 2：一级页面——【自定义转账执行】

选择核算账簿→点击"确定"→选择会计档案期间→点击"确定"→勾选"收入结转"或"费用结转"的方案→点击"生成凭证"→点击"保存"。

【任务清单5.5.4】 期末处理

项目	任务内容
任务情境	2020年3月31日,鸿途集团水泥有限公司会计对当月发生的所有业务进行记账处理,执行月末损益结转,完成本月结账。
任务目标	在财务数字化平台上依据结转模板生成收入结转凭证和费用结转凭证。
任务实施	(1) (2) (3) (4) (5)
任务点拨	
任务总结	通过完成上述任务,你学到了哪些知识或技能?

【思政之窗】

　　业财融合是在经济新形态下,在传统核算会计向现代管理会计转型的过程中,企业财务管理与业务运营活动的有机融合,是企业在同时整合、优化业务运营和财务流程的基础上,通过系统管理的方法将财务管理渗透到企业运营的全员工、全方位、全过程,实现企业财务管理与业务流程之间的对接、融合和联动。在业财融合的管理模式下,企业的业务运营和财务管理自成一体,经营活动体现系统化、一体化和协同化。在业财融合的环境下,传统的核算会计要转型为现代的管理会计,这就意味着企业会计人员仅仅做好会计核算工作已远远不能适应企业发展的需要,正如华为的创始人任正非说的那样:"不懂业务的会计只能提供低价值的会计服务。"因此,未来我们要做好会计工作,不仅要掌握过硬的专业知识和技能,还要融入企业具体的业务之中,持续提升自身的管理能力。

【故事启迪】

成功就在"嘀嗒"之间

一只新组装好的小钟放在了两只旧钟当中。两只旧钟"嘀嗒""嘀嗒",一分一秒地走着。

其中一只旧钟对小钟说:"来吧,你也该工作了。可是我有点担心,你走完3 200万次以后,恐怕便吃不消了。"

"天哪!3 200万次。"小钟吃惊不已,"要我做这么大的事?办不到,办不到。"

另一只旧钟说:"别听他胡说八道。不用害怕,你只要每秒'嘀嗒'摆一下就行了。"

"天下哪有这么简单的事情。"小钟将信将疑。"如果这样,我就试试吧。"

小钟很轻松地每秒钟"嘀嗒"摆一下,不知不觉中,一年过去了,它摆了3 200万次。

每个人都希望梦想成真,成功却似乎远在天边,遥不可及,倦怠和不自信让我们怀疑自己的能力,放弃努力。其实,我们不必想以后的事,一年甚至一个月之后的事,只要想着今天我要做些什么,明天我该做些什么,然后努力去完成,就像那只小钟一样,每秒"嘀嗒"摆一下,成功的喜悦就会慢慢浸润我们的生命。

拓展练习

一、单选题

1. 输完凭证后，要对凭证进行审核，应先（　　）。
   A. 查询凭证　　　B. 修改凭证　　　C. 更换操作员　　　D. 记账
2. 下列各项中，不属于原始凭证审核内容的是（　　）。
   A. 会计科目的使用是否正确
   B. 凭证各项基本要素是否齐全
   C. 凭证反映的内容是否真实
   D. 凭证是否有填列单位的公章和填制人员的签章
3. 企业固定资产的盘亏净损失，应计入（　　）。
   A. 管理费用　　　B. 营业外支出　　　C. 资本公积　　　D. 销售费用
4. 在每项经济业务发生或完成时取得或填制的会计凭证是（　　）。
   A. 付款凭证　　　B. 转账凭证　　　C. 原始凭证　　　D. 收款凭证
5. 下列关于会计账户增减变化的表述中，不正确的是（　　）。
   A. 资产增加
   B. 所有者权益增加，会计等式成立
   C. 负债减少
   D. 所有者权益增加，会计等式不成立

二、多选题

1. 在总账系统中，对记账凭证进行审核，可以采用（　　）等方法。
   A. 联机审核　　　B. 屏幕审核　　　C. 对照审核　　　D. 纵向审核
2. 明细账查询的格式有（　　）。
   A. 普通明细账　　　B. 按科目排序明细账
   C. 按类别排序明细账　　　D. 月份综合明细账
3. 记账工作可以（　　）。
   A. 一天记一次账　　　B. 一天记多次账
   C. 多天记一次账　　　D. 编制凭证后立即记账
4. 下列关于凭证审核的说法正确的有（　　）。
   A. 审核后的凭证需取消审核才能修改
   B. 审核后的凭证还要出纳员签字
   C. 审核后的凭证才可记账
   D. 审核员和制单员可以为同一个人
5. 关于总账系统的结账功能，下列说法中正确的有（　　）。
   A. 结账前，一般应进行数据备份
   B. 结账操作只能由会计主管进行
   C. 已结账月份不能再填制记账凭证
   D. 结账功能每月可根据需要多次进行

三、判断题

1. 增值税专用发票属于外来、通用、一次性原始凭证。　　　　　　　　（　　）

2. 库存管理系统与存货核算系统共享期初数据。   (   )

3. 在总账系统中输入会计科目期初余额时，应遵循由下至上的原则，先输入下级科目余额，再输入上级科目余额。   (   )

4. 如果某科目为数量、外币核算，可以录入期初数量、外币余额。但必须先录入本币余额，再录入外币余额。   (   )

5. 在应收单据列表界面，可以进行应收单的增加、修改、删除等操作。   (   )

四、业务操作题

鸿途集团水泥有限公司综合办公室经理杨天波于 2020 年 3 月调动到集团内部的另一家子公司大连鸿途水泥有限公司。其使用的公司笔记本电脑（资产编号 202003310001）随其调动也将调拨至大连鸿途水泥有限公司。

依据以上信息，在财务数字化平台上完成集团内部跨组织的固定资产调拨业务，完成固定资产跨组织调拨的核算业务。

【画龙点睛】

请扫码查看对拓展练习进行的点拨。

项目 6

财务数字化：税务业务处理

 知识目标

- 掌握增值税开票业务与发票管理的知识和方法；
- 掌握增值税视同销售事项处理的知识和方法；
- 掌握增值税纳税申报的知识和方法；
- 掌握税务会计核算业务处理的基本方法。

技能目标

- 能够完成手工开票、码上开票等多种方式的开票工作；
- 能够完成电子发票的上传与查验工作；
- 能够完成增值税发票的登记与认证工作；
- 能够完成增值税视同销售事项的处理工作；
- 能够完成增值税纳税申报的相关处理工作。

素质目标

- 培养学生根据税务会计岗位职责自觉进行税务处理、审核和管理的素质；
- 培养学生具备基于财务数字化平台增值税开票业务与发票管理的能力；
- 培养学生具备基于财务数字化平台增值税纳税申报的能力；
- 培养学生具备基于财务数字化平台税务会计核算岗位工作职责的能力。

项目6 财务数字化：税务业务处理

知识串联

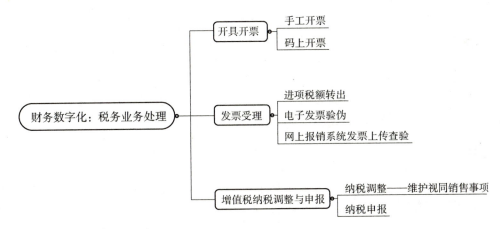

任务 6.1　开具发票

【学习情境】

企业财务人员可以在财务数据化平台上统一管理已开具的发票，通过手工开票、码上开票等多种形式开票，将已开具的发票按照规定的流程交接给相关人员。那么，在财务数字化平台上如何开具发票呢？

【学习目标】

通过训练，使学生掌握在财务数字化平台上进行手工开票、码上开票的基本方法，能够在财务数字化平台上完成开具发票的工作。

任务 6.1.1　手工开票

【学习情境】

在财务数据化平台上可以通过与税务服务系统直连直接开具增值税电子普通发票、增值税专用发票、增值税普通发票。那么，在财务数字化平台上如何进行手工开票呢？

【学习目标】

通过训练，使学生掌握在财务数字化平台上进行手工开票的基本方法，能够在财务数字化平台上完成开具手工发票的工作。

【知识储备】

操作步骤1：初始页面——【菜单首页】

点击"企业开票"—"开具蓝票"—"增值税电子普通发票"，打开【开具发票】页面。

操作步骤2：一级页面——【开具发票】

选择开票组织→点击"确定"→选择购买方→点击"添加至发票"→选择项目名称→点击"添加至发票"→输入相应数量→点击"开票"。

项目 6 财务数字化：税务业务处理

【任务清单 6.1.1】 手工开票

项目	任务内容
任务情境	2020 年 3 月 3 日，广东海地格电器有限公司销售经理周进代表公司与北京精益经贸有限公司签订销售合同，有关合同信息如图 6-1 所示，销售 30 000 台小熊迷你加湿器、20 000 台智能恒温加湿器、6 000 台大容量上加水加湿器，约定发货时间为 2020 年 3 月 20 日。 客户开票信息如下： 客户名称：北京精益经贸有限公司； 纳税人识别号：11011174278663920F； 地址：北京市朝阳区建国路 15 号； 电话：010-93784956； 开户行及账号：中国工商银行北京朝阳支行 1100229999888990000。 **销 售 订 单** 合同日期：2020年3月3日　　　　　合同编号：H20200361305 卖方：广东海地格电器有限公司　　销售订单号：HDGXS201908153031 买方：北京精益经贸有限公司　　　　交货日：2020年3月20日 付款条件：　　　　　　　　　　　开票情况：3月20日发货时开出销售发票 　　　　　　　　　　　　　　　　付款情况： | 序号	名称	编码	单位	数量	无税单价	无税金额	税额	金额 | |---|---|---|---|---|---|---|---|---| | 1 | 小熊迷你加湿器 | HW-001 | 台 | 30 000.00 | 120.00 | 3 600 000.00 | 468 000.00 | 4 068 000.00 | | 2 | 智能恒温加湿器 | HW-002 | 台 | 20 000.00 | 190.00 | 3 800 000.00 | 494 000.00 | 4 294 000.00 | | 3 | 大容量上加水加湿器 | HW-003 | 台 | 6 000.00 | 315.00 | 1 890 000.00 | 245 700.00 | 2 135 700.00 | | 合计 | | | | | | 9 290 000.00 | 1 207 700.00 | 10 497 700.00 | （a） **广东海地格电器有限公司** **销售出库单** 购货单位：北京精益经贸有限公司　　　编号：H05202003163325 生产批号：　　　　　　　　　　　　　日期：2020年3月20日 | 名称 | 单位 | 数量 | 单价 | 含税单价 | 金额 | 备注 | |---|---|---|---|---|---|---| | 小熊迷你加湿器 | 台 | 30 000.00 | 120.00 | 135.60 | 4 068 000.00 | | | 智能恒温加湿器 | 台 | 20 000.00 | 190.00 | 214.70 | 4 294 000.00 | | | 大容量上加水加湿器 | 台 | 6 000.00 | 315.00 | 355.95 | 2 135 700.00 | | 制单：周进　　　复核：王富珠　　　经办人：周进 （b） 图 6-1 合同信息
任务目标	按照以上销售订单和销售出库单信息，手工开具单张增值税电子普通发票。
任务实施	（1） （2）

续表

项目	任务内容
任务实施	（3） （4） （5）
任务点拨	
任务总结	通过完成上述任务，你学到了哪些知识或技能？

任务 6.1.2　码上开票

【学习情境】

销售系统没有与税务服务系统直连对接的企业，可以采用消费者扫描开票模式，即码上开票。那么，在财务数字化平台上如何进行码上开票呢？

【学习目标】

通过训练，使学生掌握在财务数字化平台上进行码上开票的基本方法，能够在财务数字化平台上完成码上开票的工作。

【知识储备】

操作步骤1：初始页面——【菜单首页】

点击"企业开票"—"码上开票"—"增值税电子普通发票"，打开【码上开票】页面。

操作步骤2：一级页面——【码上开票】

搜索、选择相应商品名称→点击"添加至发票"→输入数量→点击"生成二维码"→右击二维码，选择"图片另存为"→输入相应文件名→点击"保存"。

【任务清单 6.1.2】 码上开票

项目	任务内容
任务情境	2020年3月21日,广东海地格电器有限公司销售员王林销售100台小熊迷你加湿器,客户为天津艺海电器销售有限公司,现结直接发货,并通过二维码由客户自助开具发票,销售订单如图6-2所示。 **销售订单** 合同日期:2020年3月21日　　合同编号:H20200361427 卖方:广东海地格电器有限公司　销售订单号:HDGXS202003213125 买方:天津艺海电器销售有限公司　交货日期:2020年3月21日 付款条件:　　　　　　　　　　开票情况:3月21日发货时开出销售发票 　　　　　　　　　　　　　　　　付款情况: | 序号 | 名称 | 编码 | 单位 | 数量 | 无税单价 | 无税金额 | 税额 | 金额 | |---|---|---|---|---|---|---|---|---| | 1 | 小熊迷你加湿器 | HW-001 | 台 | 100.00 | 120.00 | 12 000.00 | 1 560.00 | 13 560.00 | | | 合计 | | | | | 12 000.00 | 1 560.00 | 13 560.00 | 图6-2　销售订单
任务目标	依据2020年3月21日的销售订单,使用码上开票功能,生成开票二维码,由客户扫描二维码填写发票抬头,自助开具电子普通发票,将生成的带有开票信息二维码的小票截图保存为图片,命名为"开票二维码"保存在文件夹。
任务实施	(1) (2) (3) (4) (5)
任务点拨	
任务总结	通过完成上述任务,你学到了哪些知识或技能?

任务 6.2　发票受理

【学习情境】

对于增值税进项发票，企业财务人员可以在财务数字化平台上进行电子发票的上传和查验，并可以通过多种方式对纸质发票进行查验。那么，在财务数字化平台上如何受理增值税发票呢？

【学习目标】

通过训练，使学生掌握在财务数字化平台上受理开票的基本方法，能够在财务数字化平台上完成电子及纸质增值税发票的查验、进项税额转出等工作。

任务 6.2.1　进项税额转出

【学习情境】

依据增值税进项税额转出的原始凭证，企业财务人员需要在财务数字化平台上准确选择转出的原因及确认转出的具体金额。那么，在财务数字化平台上如何进行进项税额转出呢？

【学习目标】

通过训练，使学生掌握在财务数字化平台上进行进项税额转出的基本方法，能够在财务数字化平台上完成进项税额转出的工作。

【知识储备】

操作步骤：

点击"增值税管理"—"进项转出管理"—"进项转出管理台账"→点击"新增转出"→选择手工转出→切换日期→输入相应转出税额→选择转出原因→输入转出凭证号。

项目6 财务数字化：税务业务处理

【任务清单6.2.1】 进项税额转出

项目	任务内容
任务情境	2020年3月27日，广东海地格电器有限公司仓库发生意外事故，导致部分货物毁损，这部分货物的进项税额已经在2月份做了抵扣处理。仓库开具的毁损凭证如图6-3所示。 **库存报废申请单** 申请部门：供应处-仓库　申请仓库：C2　申请人：张华　申请时间：2020年3月27日　文件编号：HK20200327002 | 序号 | 品名 | 规格 | 数量 | 单价 | 报废金额 | 报废原因 | | 1 | 小熊迷你加湿器 | HW-001 | 20 | 90.00 | 1 800.00 | 意外毁损 | | | 合计 | | 20 | 90.00 | 1 800.00 | | 库房经理意见：同意　签核：张俊杰　日期：2020.3.27 财务经理意见：同意　签核：戴知知　日期：2020年3月27日 总经理意见：同意　签核：王海　日期：2020.3.27 图6-3　库存报废申请单
任务目标	依据增值税进项税额转出的原始凭证，在财务数字化平台上完成进项税额转出的工作。 注：转出方式为"手工转出"，转出金额为"234.00"，转出凭证号为"20200327002"。
任务实施	（1） （2） （3）

续表

项目	任务内容
任务实施	（4） （5）
任务点拨	
任务总结	通过完成上述任务，你学到了哪些知识或技能？

任务 6.2.2　电子发票验伪

【学习情境】

对于增值税进项发票，企业财务人员可以在财务数字化平台上进行电子发票的上传和查验。那么，在财务数字化平台上如何对电子发票验伪呢？

【学习目标】

通过训练，使学生掌握在财务数字化平台上对电子发票验伪的基本方法，能够在财务数字化平台上完成电子增值税发票的查验工作。

【知识储备】

操作步骤：

输入发票代码→输入发票号码→输入开票日期→输入校验码后六位→输入验证码→点击"查验"，显示查验结果。

【任务清单6.2.2】 电子发票验伪

项目	任务内容
任务情境	在国家税务总局全国增值税发票查验平台网站上对员工报销的电子发票（图6-4）进行真伪检查。 图6-4 电子发票
任务目标	在国家税务总局全国增值税发票查验平台网站上对员工报销的电子发票进行真伪检查。
任务实施	（1） （2） （3）

续表

项目	任务内容
任务实施	（4） （5）
任务点拨	
任务总结	通过完成上述任务，你学到了哪些知识或技能？

任务 6.2.3 网上报销系统发票上传查验

【学习情境】

企业员工在网上报销费用时，会将与费用相关的电子发票进行上传，上传的发票将通过财务数字化平台的税务云服务进行查验。那么，在财务数字化平台上如何对网上报销系统发票上传进行查验呢？

【学习目标】

通过训练，使学生掌握在财务数字化平台上进行网上报销系统发票上传查验的基本方法，能够在财务数字化平台上完成网上报销系统发票上传查验的工作。

【知识储备】

操作步骤：

点击报销单中的电子发票→在弹框中点击选择文件→点击"打开"→点击"提交"→点击"预览"，预览验伪结果。

【任务清单6.2.3】 网上报销系统发票上传查验

项目	任务内容
任务情境	在财务数字化平台加班交通费报销单中，上传电子发票（图6-5），通过报销系统自动查重和查验发票真伪。 图6-5 电子发票
任务目标	在财务数字化平台加班交通费报销单中，上传电子发票，通过报销系统自动查重和查验发票真伪。
任务实施	（1） （2） （3）

续表

项目	任务内容
任务实施	（4） （5）
任务点拨	
任务总结	通过完成上述任务，你学到了哪些知识或技能？

任务 6.3　增值税纳税调整与申报

【学习情境】

企业的增值税纳税调整与申报是企业税务管理的重要内容。那么，在财务数字化平台上如何维护视同销售事项和如何进行增值税纳税申报呢？

【学习目标】

通过训练，使学生掌握在财务数字化平台上维护视同销售事项和增值税纳税申报的基本方法，能够在财务数字化平台上完成视同销售事项维护和增值税纳税申报的工作。

任务 6.3.1　纳税调整——维护视同销售事项

【学习情境】

维护视同销售事项是企业税务管理的一项重要内容。那么，在财务数字化平台上如何维护视同销售事项呢？

【学习目标】

通过训练，使学生掌握在财务数字化平台上维护视同销售事项的基本方法，能够在财务数字化平台上完成视同销售事项维护的工作。

【知识储备】

操作步骤 1：初始页面——【菜单首页】

点击"增值税管理"—"视同销售管理"→进入【视同销售管理】页面→点击"新增"→进入【新增视同销售项】页面。

操作步骤 2：二级页面——【新增视同销售项】

选择组织→选择日期→输入摘要→选择计税方式→选择销项分类→输入不含税销售额→选择税率→点击"确定"。

【任务清单 6.3.1】 纳锐调整——维护视同销售事项

项目	任务内容
任务情境	2020年3月8日,广东海地格电器有限公司将100台小熊迷你加湿器发给企业员工做节日福利。小熊迷你加湿器市场售价120元/台。
任务目标	根据以上信息,在财务数字化平台上维护视同销售事项。
任务实施	(1) (2) (3) (4) (5)
任务点拨	
任务总结	通过完成上述任务,你学到了哪些知识或技能?

任务 6.3.2 纳税申报

【学习情境】

增值税纳税申报是企业税务管理的一项重要内容。那么，在财务数字化平台上如何进行增值税纳税申报呢？

【学习目标】

通过训练，使学生掌握在财务数字化平台上进行增值税纳税申报的基本方法，能够在财务数字化平台上完成增值税纳税申报的工作。

【知识储备】

操作步骤 1：初始页面——【菜单首页】
点击"纳税申报"—"增值税申报表"→进入【增值税申报表】页面。

操作步骤 2：一级页面——【增值税申报表】
选择税号→选择所属时间→点击"取数"，系统取出当期增值税相关数据。

【任务清单6.3.2】 纳税申报

项目	任务内容
任务情境	在财务数字化平台上编制广东海地格电器有限公司3月增值税纳税申报表。 注：广东海地格电器有限公司纳税识别号为"91440111253500029L"。
任务目标	根据广东海地格电器有限公司3月份增值税进项、销项税额等状况，在财务数字化平台上编制该公司3月增值税纳税申报表。
任务实施	（1） （2） （3） （4） （5）
任务点拨	
任务总结	通过完成上述任务，你学到了哪些知识或技能？

【思政之窗】

税法是国家各种税收法规的总称,是税收机关征税和纳税人据以纳税的法律依据,企业经营必须严格遵守国家税收的相关法律法规,而企业会计人员必须学好税法,严格遵守税法。如今,我国已全面实施"金税三期",实现了所有税务机关、所有税种、所有工作环节的全国性税收信息系统集成,国家税收管理已进入数字时代,所以,会计人员加强税收知识和技能学习有着非常重要的意义。

学好税法知识可以充分利用税收优惠政策降低企业综合税负;学好税法知识可以更好地处理各种财务关系,如企业财务部门与业务、法务等部门的关系,企业与外部各相关利益方的关系;学好税法知识还可以降低企业税务风险和会计人员自身的职业风险。因此,作为会计初学者,我们应认真学习税法知识和技能,为将来成为一名懂法、守法的优秀会计人员做准备。

【故事启迪】

给予

　　从前,有个老木匠准备退休,他告诉老板,说要离开建筑行业,回家与妻子儿女享受天伦之乐。

　　老板舍不得他的好工人走,问他是否能帮忙再建一座房子,老木匠答应了。但是大家都看得出来,他的心已不在工作上,他用的是软料,出的是粗活。房子建好的时候,老板把大门的钥匙递给他。

　　"这是你的房子,"他说,"我送给你的礼物。"

　　他震惊得目瞪口呆,羞愧得无地自容。如果他早知道是在给自己建房子,他怎么会这样呢?现在他得住在一幢粗制滥造的房子里!

　　生活中我们许多人又何尝不是这样。我们漫不经心地"建造"自己的生活,不是积极行动,而是消极应付,凡事不肯精益求精,在关键时刻不能尽最大努力。等我们惊觉自己的处境时,早已深困在自己建造的"房子"里了。

　　把自己当成那个木匠吧,想想你的房子,每天你敲进去一颗钉,加上去一块板,或者竖起一面墙,用你的智慧好好建造吧!你的生活是你一生唯一的创造,不能抹平重建,即使只有一天可活,那一天也要活得优美、高贵,墙上的铭牌上写着:"生活是自己创造的。"

拓展练习

一、单选题

1. 采购管理系统的期初数据应包括（   ）。
   A. 期初采购订单　　　　　　　　B. 期初采购发票
   C. 期初销售发票　　　　　　　　D. 期初销售出库单
2. 输完凭证后，要对凭证进行审核，应先审核（   ）。
   A. 销售　　　B. 外购　　　C. 生产耗用　　　D. 劳务费用
3. 在设置个人所得税税率表时，不能变动的栏目是（   ）。
   A. 应纳税所得额上限　　　　　　B. 应纳税所得额下限
   C. 税率　　　　　　　　　　　　D. 速算扣除数
4. 下列各项中，属于让渡资产使用权收入的是（   ）。
   A. 出租包装物收取的租金　　　　B. 出售原材料取得的收入
   C. 出售无形资产收取的价款　　　D. 出借包装物收取的押金
5. 在销售管理系统中，在开票直接发货的业务模式下，发货单由销售部门根据（   ）产生。
   A. 销售订单　　B. 销售发票　　C. 采购订单　　D. 生产订单

二、多选题

1. 在采购管理系统中进行手工结算时，可以完成（   ）。
   A. 正数入库单与负数入库单结算　　B. 正数发票与负数发票结算
   C. 正数入库单与正数发票结算　　　D. 负数入库单与负数发票结算
2. 在采购管理系统中，在填制运费的专用发票时不能参照具有（   ）属性的存货。
   A. 外购　　　B. 生产耗用　　　C. 应税劳务　　　D. 销售
3. 采购结算可以在（   ）结算。
   A. 填制采购入库单时　　　　　　B. 填制采购发票时
   C. 结算功能中　　　　　　　　　D. 填制采购订单时
4. 进行采购应付单据制单查询时，能被同时勾选的项目有（   ）。
   A. 发票制单　　B. 应付单制单　　C. 票据制单　　D. 现结制单
5. 进货短缺业务办理结算时，只有当（   ）之和等于发票数量时才允许结算。
   A. 入库数量　　B. 短缺数量　　C. 合理损耗数量　　D. 非合理损耗数量

三、判断题

1. 增值税专用发票属于外来、通用、一次性原始凭证。（   ）
2. 薪资管理系统能自动生成个人所得税代缴申报表。（   ）
3. 应收单据自动审批完成后，系统会询问是否要立即制单。（   ）
4. 在应收单据列表界面，可以进行应收单的增加、修改、删除等操作。（   ）
5. 在销售管理系统中，允许发货后开票和开票直接发货两种模式同时存在。
（   ）

四、业务操作题

在财务数字化平台上对广东海地格电器有限公司的企业外部进项数据做统一管理，生成 2020 年 3 月对进项税的统计分析报表（如采购统计表、报销统计表等），并根据需要进行数据导出。

【画龙点睛】

请扫码查看对拓展练习进行的点拨。

项目 7

财务数字化：资金业务训练

 知识目标

- 掌握银行账户管理的知识和方法；
- 掌握收付款业务结算的知识和方法；
- 掌握资金对账的知识和方法；
- 掌握出纳员对银行会计核算业务处理的基本方法。

 技能目标

- 能够完成银行账户新增、启用、变更和销户的工作；
- 能够完成收付款业务结算的工作；
- 能够完成企业日常现金对账的工作。

 素质目标

- 培养学生根据出纳岗位职责自觉进行账户新增、启用、变更和销户等业务的素质；
- 培养学生具备基于财务数字化平台管理现金的能力；
- 培养学生具备基于财务数字化平台管理银行账户的能力。

项目 7　财务数字化：资金业务训练

知识串联

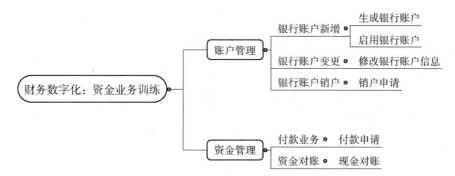

任务 7.1　账户管理

【学习情境】

依据业务需要，企业财务人员在财务数字化平台上可以新增、变更银行账户信息，也可以依据业务需要对银行账户进行销户处理。那么，在财务数字化平台上如何对银行账户进行管理呢？

【学习目标】

通过训练，使学生掌握在财务数字化平台上进行银行账户管理的基本方法，能够在财务数字化平台上完成生成与启用银行账户、修改银行账户信息、销户等工作。

任务 7.1.1　生成银行账户

【学习情境】

依据业务需要，企业财务人员在财务数字化平台上可以新增银行账户信息。那么，在财务数字化平台上如何生成银行账户呢？

【学习目标】

通过训练，使学生掌握在财务数字化平台上新增银行账户的基本方法，能够在财务数字化平台上完成生成银行账户的工作。

【知识储备】

操作步骤 1：初始页面——【菜单首页】

点击右上角"日期"，切换业务日期→点击"确定"→点击左上角的"四叶草"图案→点击"财资管理"—"账户管理"→点击银行账户管理区域的"银行开户办理"，进入【银行开户办理】页面。

操作步骤 2：一级页面——【银行开户办理】

选择开户组织→点击"确定"→选择开户日期范围→点击"查询"，找到要生成银行账户所在行→点击蓝色的单据号→进入【详情】页面，点击"生成"→在弹框中点击"确定"→输入相应账号→输入相应账号名称→在表体中输入名称→点击"保存"。

【任务清单 7.1.1】 生成银行账户

项目	任务内容
任务情境	2020年3月1日，鸿途集团水泥有限公司新开立了一个付款银行账户，开户申请已审批通过，银行账户信息如表7-1所示。 表7-1 银行账户信息 | 户名	账户名称	开户银行	银行账号	是否默认
---	---	---	---	---
鸿途集团水泥有限公司	鸿途集团水泥有限公司支出户	中国工商银行辽宁省抚顺北台支行	3704325109992618422	是	
任务目标	请根据上述信息在财务数字化平台上生成银行账户，并补录银行账户信息。
任务实施	（1） （2） （3） （4） （5）
任务点拨	
任务总结	通过完成上述任务，你学到了哪些知识或技能？

任务 7.1.2　启用银行账户

【学习情境】

依据业务需要，在财务数字化平台上，企业财务人员在新增银行账户信息的基础上启用银行账户。那么，在财务数字化平台上如何启用银行账户呢？

【学习目标】

通过训练，使学生掌握在财务数字化平台上启用银行账户的基本方法，能够在财务数字化平台上完成启用银行账户的工作。

【知识储备】

操作步骤1：初始页面——【菜单首页】

点击右上角"日期"，切换业务日期→点击"确定"→点击左上角的"四叶草"图案→点击"动态建模平台"—"基础数据"→点击银行结算信息区域的"银行账户-财务组织"，进入【银行账户-财务组织】页面。

操作步骤2：一级页面——【银行账户-财务组织】

选择所属组织→点击"确定"→点击"查询"→勾选相应账户→点击右上端的"启用"→在弹框中点击"确定"。

【任务清单 7.1.2】 启用银行账户

项目	任务内容
任务情境	鸿途集团水泥有限公司新开立了一个银行账户,2020年3月1日,在财务数字化平台上启用银行账户。银行账户信息如表7-2所示。 表7-2 银行账户信息 | 户名	账户名称	开户银行	银行账号
---	---	---	---
鸿途集团水泥有限公司	鸿途集团水泥有限公司支出户	中国工商银行辽宁省抚顺北台支行	3704325109992618422	
任务目标	根据鸿途集团水泥有限公司新开立银行账户的相关信息在财务数字化平台上启用相应的银行账户。
任务实施	(1) (2) (3) (4) (5)
任务点拨	
任务总结	通过完成上述任务,你学到了哪些知识或技能?

任务 7.1.3　修改银行账户信息

【学习情境】

依据业务需要，企业财务人员在财务数字化平台上对现有银行账户信息进行修改。那么，在财务数字化平台上如何修改银行账户信息呢？

【学习目标】

通过训练，使学生掌握在财务数字化平台上修改银行账户信息的基本方法，能够在财务数字化平台上完成修改银行账户信息的工作。

【知识储备】

操作步骤 1：初始页面——【菜单首页】

点击右上角"日期"，切换业务日期→点击"确定"→点击左上角的"四叶草"图案→点击"动态建模平台"—"基础数据"→点击银行结算信息区域的"银行账户-集团"，进入【银行账户列表】页面→点击"确定"→找到对应账号→进入【银行账户信息】页面。

操作步骤 2：二级页面——【银行账户信息】

点击"修改"→修改相应账户名称→点击"保存"。

【任务清单7.1.3】 修改银行账户信息

项目	任务内容
任务情境	2020年3月26日，出纳员反馈鸿途集团（京北）水泥有限公司的银行账户名称均为公司名称，在财务数字化平台上处理业务时操作不便，为了区分账户名称，建议给账户名称加上"收入户""支出户"等加以区别。在财务数字化平台上对以下银行账号进行银行账户名称变更，如表7-3所示。 表7-3　名称变更 | 户名	账户名称	开户银行	银行账号	是否默认
---	---	---	---	---
鸿途集团（京北）水泥有限公司	鸿途集团水泥有限公司收入户	中国工商银行辽宁省抚顺北台支行	3700107610999918427	是	
任务目标	请根据上述信息在财务数字化平台上将银行账户信息修改正确。
任务实施	（1） （2） （3） （4） （5）
任务点拨	
任务总结	通过完成上述任务，你学到了哪些知识或技能？

任务 7.1.4　销户申请

【学习情境】

依据业务需要，企业财务人员在财务数字化平台上对现有银行账户提交销户申请。那么，在财务数字化平台上如何提交银行账户销户申请呢？

【学习目标】

通过训练，使学生掌握在财务数字化平台上提交银行账户销户申请的基本方法，能够在财务数字化平台上完成银行账户销户申请的工作。

【知识储备】

操作步骤1：初始页面——【菜单首页】

点击左上角的"四叶草"图案→点击"财资管理"—"账户管理"→点击账户申请区域的"销户申请"，进入【销户申请列表】页面→点击"新增"→进入【销户申请新增】页面。

操作步骤2：二级页面——【销户申请新增】

选择开户财务组织→点击"确定"→选择账号→点击"确定"→点击"保存""提交"。

【任务清单7.1.4】 销户申请

项目	任务内容
任务情境	2020年3月12日,鸿途集团(许昌)水泥有限公司需要注销一个不使用的银行账户,银行账户信息如表7-4所示。 表7-4 银行账户信息 | 户名	账户名称	开户银行	银行账号	是否默认
---	---	---	---	---
鸿途集团(许昌)水泥有限公司	鸿途集团水泥有限公司收入户	中国工商银行许昌市分行	3701281319203301259	是	
任务目标	请根据上述信息在财务数字化平台上对银行账户进行销户。
任务实施	(1) (2) (3) (4) (5)
任务点拨	
任务总结	通过完成上述任务,你学到了哪些知识或技能?

任务 7.2　资金管理

【学习情境】

依据业务需要，企业财务人员在财务数字化平台上可以进行付款申请、现金对账等资金管理工作。那么，在财务数字化平台上如何填制付款申请单和进行现金对账呢？

【学习目标】

通过训练，使学生掌握在财务数字化平台进行资金管理的基本方法，能够在财务数字化平台上完成填制付款申请单和现金对账等资金管理工作。

任务 7.2.1　付款申请

【学习情境】

依据业务需要，企业财务人员在财务数字化平台上可以进行付款申请等资金管理工作。那么，在财务数字化平台上如何填制付款申请单呢？

【学习目标】

通过训练，使学生掌握在财务数字化平台进行付款申请的基本方法，能够在财务数字化平台上完成填制付款申请单的工作。

【知识储备】

操作步骤 1：初始页面——【菜单首页】

切换右上角的业务日期→点击"确定"→点击左上角的"四叶草"图案→点击"财资管理"—"现金管理"→点击付款业务区域的"付款申请"，进入【付款申请】页面。

操作步骤 2：二级页面——【付款申请】

点击"新增"→选择付款组织→点击"确定"→选择交易类型→点击"确定"→选择业务流程→点击"确定"→选择供应商→点击"确定"→选择付款账户→点击"确定"→输入摘要内容→输入付款金额→选择结算方式→点击"保存""提交"。

【任务清单 7.2.1】 付款申请

项目	任务内容
任务情境	2020年3月7日，鸿途集团水泥有限公司从东莞市大朗昌顺五金加工厂采购公制深沟球轴承，需要支付113 000元货款。采购发票如图7-1所示。 图7-1 采购发票 录入付款申请信息如表7-5所示。 表7-5 付款申请信息 | 支付账号	收款账号	金额/元	结算方式	用途
---	---	---	---	---
3701239319189278310	345509021300934560	113 000.00	网银	支付货款	
任务目标	请根据以上信息在财务数字化平台上填制付款申请单。
任务实施	（1） （2）

续表

项目	任务内容
任务实施	（3） （4） （5）
任务点拨	
任务总结	通过完成上述任务，你学到了哪些知识或技能？

任务 7.2.2　现金对账

【学习情境】

依据业务需要，企业财务人员在财务数字化平台上可以进行现金对账等资金管理工作。那么，在财务数字化平台上如何进行现金对账呢？

【学习目标】

通过训练，使学生掌握在财务数字化平台上进行资金管理的基本方法，能够在财务数字化平台上完成现金对账的工作。

【知识储备】

操作步骤1：初始页面——【菜单首页】

切换右上角的业务日期→点击"确定"→点击左上角的"四叶草"图案→点击"财务会计"—"总账"→点击"总账与业务系统对账"—"总账与业务系统对账执行"，进入【总账与业务系统对账执行】页面。

操作步骤2：一级页面——【总账与业务系统对账执行】

单击"执行对账"→选择核算账簿→点击"确定"→选择业务系统→点击"现金管理"→点击"确定"→选择对账规则→点击"确定"→选择币种档案→点击"确定"。

【任务清单 7.2.2】 现金对账

项目	任务内容
任务情境	2020年3月31日，鸿途集团水泥有限公司需要完成当月的现金对账工作。
任务目标	请在财务数字化平台上完成鸿途集团水泥有限公司3月的现金对账工作。
任务实施	(1) (2) (3) (4) (5)
任务点拨	
任务总结	通过完成上述任务，你学到了哪些知识或技能？

【思政之窗】

出纳是会计工作的一个重要岗位，是企业财务管理的第一道"关卡"，担负着现金收付、银行结算、货币资金的核算、现金和有价证券的保管等重要任务，出纳员的工作质量直接影响着企业财务管理的水平。

以下是一个出纳员利用公司管理漏洞犯罪的案例：

合肥一名 24 岁的女出纳员，为在直播平台上打赏男主播，竟先后偷偷从公司账户上转走 500 余万元，直至被公司发现。2018 年 5 月初，该女子因涉嫌职务侵占被批准逮捕。

该女子是合肥高新区某公司出纳员，负责管理公司日常开支的现金账户以及公司银行账户的 U 盾操作，不过 U 盾平时不由其保管。让人没想到的是，从 2018 年 1 月开始，该女子多次趁着午饭时间，从同事处偷来 U 盾，然后将公司账户的钱转入自己账户。由于公司的对账单平时也是由该女子来做，所以她每次都会把自己的转账记录删除，等到公司发现账目不符的时候，该女子已经陆续从公司账户上转走了 500 余万元。

面对民警的询问，该女子表示这些钱大部分都被自己用来打赏直播平台上的一位男主播。证据显示，从 2018 年 1—3 月 28 日案发，短短 3 个月时间，其已在直播平台上消费了 400 多万元。

从以上案例可以看出，出纳工作是企业会计工作的重要基础，企业应加强会计与出纳员的分工和管理；而要做好出纳工作，出纳员除了要拥有扎实的专业基础知识和娴熟的技能外，还应具备高度的责任感。

【故事启迪】

钢玻璃杯的故事

20世纪80年代,有一个农民,他初中还没毕业,就辍学回家帮家里打理三亩薄田。在他19岁时,父亲去世了,母亲身体又不好,还有一位瘫痪在床的祖母,家庭的重担全部压在了他的肩上。

为了生存,他把一块水田挖成池塘想养鱼,但乡里的干部告诉他,水田只能种庄稼,不能养鱼,他只好又把水塘填平。这件事成了一个笑话,在别人眼里,他是一个想发财但又非常愚蠢的人。

听说养鸡能赚钱,他向亲戚借了500元钱,养起了鸡。但是一场洪水后,鸡得了鸡瘟,几天内全部死光。500元对如今一般人来说可能不算什么,但对那个只靠三亩薄田生活的家庭而言,不啻天文数字,他的母亲受此刺激竟忧郁而死。

他后来酿过酒,捕过鱼,甚至还在石矿的悬崖上帮人打过炮眼……可都没有赚到钱。

35岁的时候,他还没有娶到媳妇。因为他只有一间土屋,而这间土屋也随时有可能在一场大雨后倒塌。娶不上媳妇的男人,在农村是没有人看得起的。

但他还想搏一搏,就四处借钱买了一辆手扶拖拉机。不料,上路不到半个月,这辆拖拉机就载着他冲入一条河里。他断了一条腿,成了瘸子。

几乎所有人都说他这辈子完了。

但是后来他却成了一家公司的老总,手中有上亿元的资产。现在,许多人都知道他苦难的过去和富有传奇色彩的创业经历。许多媒体采访过他,许多报告文学描述过他。有这么一个情节——

记者问他:"在苦难的日子里,你凭什么一次又一次毫不退缩?"

他坐在宽大豪华的老板桌后面,喝完了手里的一杯水。然后,他把玻璃杯子握在手里,反问记者:"如果我松手,这只杯子会怎样?"

记者说:"摔在地上,碎了。"

"那我们试试看。"他说。

他手一松,杯子掉到地上,发出了清脆的声音,但并没有破碎,而是完好无损。他说:"即使有10个人在场,他们都会认为这只杯子必碎无疑。但是,这只杯子不是普通的玻璃杯,而是用玻璃钢制作的。"

只有这样的人,即使只有一口气,他也会努力去拉住成功的手,除非上苍剥夺了他的生命……

拓展练习

一、单选题

1. 下列业务,应该填制银行存款收款凭证的是( )。
   A. 出售材料一批　　　　　　　　B. 款未收
   C. 将现金存入银行　　　　　　　D. 出租设备

2. 当选中( )选项,凭证未审核、未执行出纳签字时,主管不能签字。
   A. 凭证必须经由主管会计签字
   B. 主管签字以后不可取消审核和出纳签字
   C. 出纳凭证必须经由出纳签字
   D. 主管可以取消审核和出纳签字

3. 在执行对账功能之前,应将( )中的余额调平,否则会造成银行存款与单位银行账的账面余额不平。
   A. 银行对账期初　　　　　　　　B. 对账单期初未达项
   C. 日记账期初未达项　　　　　　D. 银行对账单

4. 采购现付操作在采购发票( )后就可以进行。
   A. 保存　　　B. 复核　　　C. 审核　　　D. 结算

5. 收付款单核销时可以修改本次结算金额,但是不能( )该记录的原币余额。
   A. 大于　　　B. 小于　　　C. 等于　　　D. 不等于

二、多选题

1. 采购结算可以在( )结算。
   A. 填制采购入库单时　　　　　　B. 填制采购发票时
   C. 结算功能中　　　　　　　　　D. 填制采购订单时

2. 银行对账单引入接口模板的文件类型可为( )。
   A. 文本文件　　B. dbf 文件　　C. mdb 文件　　D. xls 文件

3. 定义银行对账单模板时,金额格式可选( )。
   A. 借贷分别表示　　　　　　　　B. 以方向表示
   C. 以+-表示　　　　　　　　　　D. 以文字表示

4. 薪资管理系统正常使用之前必须做好( )设置。
   A. 部门　　　B. 项目大类　　　C. 人员类别　　　D. 收发类别

5. 在薪资管理系统的人员档案中,( )来源于公共平台的人员档案信息,薪资管理系统不能修改。
   A. 人员编号　　B. 人员姓名　　C. 人员类别　　D. 薪资部门

三、判断题

1. 在总账系统中,取消出纳凭证的签字既可由出纳自己进行,也可由会计主管进行。
   (　　)

2. 工资项目设置完成后,工资项目的名称不允许修改,而项目的数据类型允许修改。
   (　　)

3. 进行自动收款核销时,在核销过滤条件界面,不必选择需要进行核销处理的客户。
(   )
4. 工资分摊的结果可以自动生成凭证传递到总账系统。   (   )
5. 采用银行代发工资的企业必须使用工资分钱清单这一功能。   (   )

四、业务操作题

2020年3月12日上午,鸿途集团股份有限公司资金管理部在做资金监管时发现,鸿途集团水泥有限公司账号为3701656019531320048的账户出现多次金额相等的支出,为避免发生支付问题,在财务数字化平台上对该账户办理冻结。

2020年3月12日下午,经过查证,鸿途集团水泥有限公司账号为3701656019531320048的账户交易正常,在财务数字化平台上对该账户办理解冻。

【画龙点睛】

请扫码查看对拓展练习进行的点拨。

项目 8

中小企业财务分析

 知识目标

- 理解财务分析的目标；
- 掌握中小企业财务分析基本框架；
- 掌握企业战略分析方法；
- 掌握会计分析方法；
- 掌握报表分析方法；
- 熟悉企业前景分析。

 技能目标

- 能够进行企业战略分析；
- 能够进行会计分析；
- 能够熟练进行报表分析。

素质目标

- 培养学生发现问题、分析问题和解决问题的基本素质；
- 培养学生根据财务分析目标建立财务分析体系的能力；
- 培养学生全面进行财务分析的能力。

项目 8 中小企业财务分析

知识串联

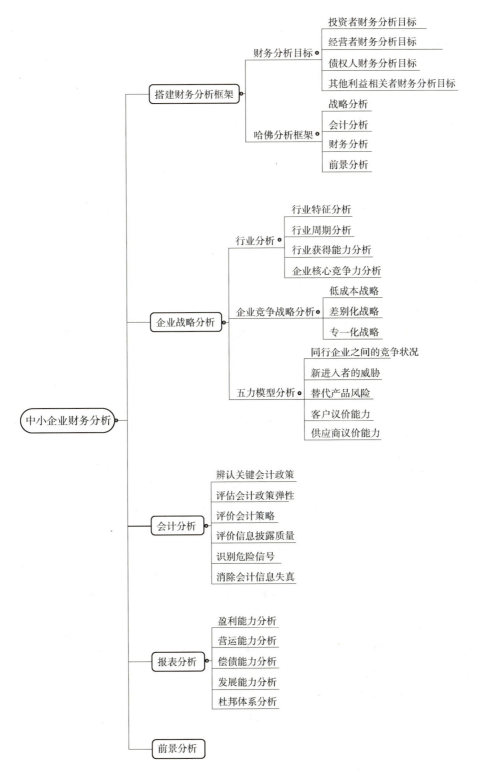

任务 8.1　搭建财务分析框架

【学习情境】

通过学习，会计王飞认识到，对企业进行财务分析要遵循一定的程序和方法，今后对"娃娃店"进行财务分析，就要按照较为系统和规范的套路进行全面分析，因此，就需要为"娃娃店"搭建较为切合实际的财务分析框架。那么，如何搭建财务分析框架呢？

【学习目标】

了解财务分析的目标，熟悉财务分析的基本框架。

【知识储备】

知识点 1：财务分析目标

财务分析目标与财务信息使用者相关，不同的财务信息使用者其财务分析目标是不同的。因此，从财务信息使用者角度出发，财务分析目标又可细分为投资者财务分析目标、经营者财务分析目标、债权人财务分析目标、其他利益相关者财务分析目标等。

（1）投资者财务分析目标

从企业股东（包括潜在投资者）的角度来看，其财务分析的目标在于对企业投资进行的价值分析，其首先关注的是企业的盈利能力，其次是企业的偿债能力和营运能力。

（2）经营者财务分析目标

企业经营者的财务分析目标是综合的，他们不仅要关心盈利状况，还要关心企业的营运能力和偿债能力，希望通过财务分析及时发现经营中存在的问题，并及时采取有效措施解决这些问题，使企业健康、快速地发展。

（3）债权人财务分析目标

债权人进行财务分析的目标与投资者及经营者不同，其目标首先是看企业的债权能否及时、足额收回，即研究企业的偿债能力，然后看债务人的收益状况与风险程度是否相适应。

（4）其他利益相关者财务分析目标

企业其他利益相关者主要是指与企业经营相关的供应商、客户等单位以及政府行政管理与监督部门。企业的供应商、客户等单位出于保护自身利益的需要，也要关心企业的财务状况，其进行财务分析的目标在于掌握企业的信用状况，对企业的支付能力、偿债能力和经营状况进行判断；政府行政管理与监督部门对企业进行财务分析的目标，一方面是为了检查和监督政府相关制度、政策在企业的执行情况；另一方面是判断企业财务信息的真实性、准确性。

知识点2：哈佛分析框架

哈佛分析框架是由美国哈佛大学佩普（Palepu）、希利（Healy）和百纳德（Bernard）三位学者提出的一种财务分析框架。哈佛分析框架从战略的高度分析一个企业的财务状况，分析企业外部环境存在的机会和威胁，分析企业内部条件的优势和不足，在科学的预测上为企业未来的发展指出方向。哈佛分析框架包括战略分析、会计分析、财务分析、前景分析。

（1）战略分析

战略分析一方面从企业内部的资源与能力、核心竞争力、价值链等进行分析，另一方面从企业外部的宏观环境、产业环境及竞争环境进行分析，帮助信息使用者更好地做出分析判断。

（2）会计分析

会计分析是对企业的会计政策、会计估计、会计方法、会计信息披露等方面进行分析，目的是反映企业财务报表数据的真实性。

（3）财务分析

经过会计分析的确认，财务数据是完整和准确的，接下来再进行财务分析。通过对企业的偿债能力、营运能力、盈利能力以及发展能力的计算，分析相关财务指标，利用横向与同行业企业对比和纵向选取一定时间段的财务数据对比进行分析评价，以此发现企业的优势和不足。

（4）前景分析

前景分析就是在上面财务分析的基础上，利用对企业的战略分析，着眼于未来的发展趋势；利用对企业的财务分析，评估未来的发展潜力；通过对行业的发展前景展望，指出企业未来面临的机会与挑战。

【任务清单 8.1】 搭建财务分析框架

项目	任务内容
任务情境	通过对【知识储备】的学习，你认为应如何开展财务分析？
任务目标	熟练掌握财务分析基本框架。
任务实施	（1）如何从投资者角度看财务分析的目标？ （2）如何从企业经营者角度看财务分析的目标？ （3）如何从债权人角度看财务分析的目标？ （4）如何从企业经营者角度搭建财务分析框架？
任务点拨	
任务总结	通过完成上述任务，你学到了哪些知识或技能？

任务 8.2　企业战略分析

【学习情境】

在进行财务分析前，首先要对企业战略进行分析，通过对企业战略进行分析，可以对企业的内部及外部经营环境进行了解，识别企业经营变化的主要因素和风险，有利于定性评估企业经营的可持续性及未来发展方向。那么，如何进行企业战略分析呢？

【学习目标】

掌握行业分析的方法，掌握分析企业战略的方法，掌握五力模型分析方法。

【知识储备】

知识点1：行业分析

行业分析主要包括行业特征分析、行业周期分析、行业获利能力分析、企业核心竞争力分析等。

（1）行业特征分析

行业特征反映了该行业的基本状况及发展趋势，通过行业分析，可以评价该行业的竞争、技术、需求、盈利及增长特征。

（2）行业周期分析

行业周期即行业生命周期，行业生命周期是指某行业从出现到衰落所经历的时间，根据行业增长情况、市场集中度、竞争状况、市场容量、技术成熟度、利润率等指标，将行业周期分为幼稚期、成长期、成熟期和衰退期。行业处于不同的发展阶段，对企业具有不同的战略指导意义。

（3）行业获利能力分析

不同行业之间的获利能力存在差异，有时差异会很大。根据哈佛大学迈克尔·波特分析行业获利能力的五力模型，行业获利能力取决于同行企业之间的竞争状况、新进入者的威胁、替代产品风险、客户议价能力、供应商议价能力。

（4）企业核心竞争力分析

企业核心竞争力是指由企业长期形成的、蕴含于企业本质中的、企业所独有的、支撑企业发展的竞争优势，并能使企业在竞争环境中长期取得主动的核心能力。它是建立在企业核心资源基础之上的技术、产品、管理、文化等的综合优势在市场中的反映。识别企业核心竞争力的标准有价值性、稀缺性、不可替代性和难以模仿性。

知识点2：企业竞争战略分析

竞争战略是由"竞争战略之父"——迈克尔·波特在《竞争战略》一书中提出来

的，它是企业战略的一部分，是在企业总体战略下，指导和管理具体战略经营单位的计划和行动。波特提出了三种卓有成效的竞争战略：低成本战略、差别化战略和专一化战略。

（1）低成本战略

低成本战略是指通过有效途径，使总成本降低，以建立一种不败的竞争优势。这种战略要求企业努力取得规模经济，以经验曲线为基础，严格控制生产成本和间接费用，以使企业的产品总成本降低到最低水平。处于低成本地位的战略经营单位能够防御竞争对手的进攻，因为较低的成本可使其通过削价与对手进行激烈竞争后，仍然能够获得盈利，从而在市场竞争中站住脚跟。成本领先是最为基本的竞争能力，任何战略都是建立在成本优势的基础之上的。换言之，不管企业采取何种竞争战略，成本优势都是不得不重视的核心问题。

（2）差别化战略

差别化战略是指将公司提供的产品或服务差异化，形成一些在全产业范围中具有独特性的东西。差别化战略的方式是，使企业产品在设计或品牌形象、技术特点、外观特点、客户服务、经销网络及其他方面有独特性。

（3）专一化战略

专一化战略是指主攻某个特殊的顾客群、某产品线的一个细分区段或某一地区市场。专一化战略的整体都是围绕着很好地为某一特殊目标服务这一中心建立的，它所开发推行的每一项职能化方针都要考虑这一中心思想。

知识点3：五力模型分析

五力模型分析简称五力模型，是波特提出来的，这是企业竞争战略分析中经常利用的战略分析工具。波特的五力模型将大量不同的因素汇集在一个简便的模型中，以此分析一个行业或企业的基本竞争态势。五种力量模型确定了竞争的五种主要来源，即同行企业之间的竞争状况、新进入者的威胁、替代产品风险、客户议价能力、供应商议价能力。

（1）同行企业之间的竞争状况

大部分行业中的企业，相互之间的利益都是紧密联系在一起的，作为企业整体战略一部分的各企业竞争战略，其目标都在于使自己的企业获得相对于竞争对手的优势，所以，在实施中就必然会产生冲突与对抗，这些冲突与对抗就构成了现有企业之间的竞争，现有企业之间的竞争常常表现在价格、广告、产品介绍、售后服务等方面，其竞争强度与许多因素有关。

（2）新进入者的威胁

新进入者在给行业带来新生产能力、新资源的同时，也希望在已被现有企业瓜分完毕的市场中赢得一席之地，这就有可能与现有企业发生原材料与市场份额的竞争，最终导致行业中现有企业盈利水平降低，严重的话，还有可能危及这些企业的生存。

（3）替代产品风险

两个处于不同行业中的企业，可能会由于所生产的产品是互为替代品，从而在它们之间产生相互竞争行为，这种源自替代品的竞争会以各种形式影响行业中现有企业的竞争战略。

(4) 客户议价能力

客户主要通过其压价与要求提供较高的产品或服务质量的能力，来影响行业中现有企业的盈利能力。

(5) 供应商议价能力

供应商力量的强弱主要取决于他们所提供给买主的是什么投入要素，当供应商提供的投入要素其价值构成了买主产品总成本的较大比例、对买主产品生产过程非常重要或者严重影响买主产品的质量时，供应商对于买主的潜在讨价还价能力就大大增强。

【任务清单 8.2】 企业战略分析

项目	任务内容
任务情境	通过对【知识储备】的学习，请利用上市公司"新和成（002001）"最新的年报对该公司进行战略分析。（上市公司年报信息可在巨潮资讯网查询，网址：http：//www.cninfo.com.cn）
任务目标	掌握企业战略分析的基本方法。
任务实施	(1) 上市公司"新和成（002001）"的公司简介如何？ (2) 什么是竞争战略分析？ (3) 什么是五力模型分析？
任务点拨	
任务总结	通过完成上述任务，你学到了哪些知识或技能？

任务 8.3 会计分析

【学习情境】

在进行财务分析前,还要对企业进行会计分析,通过对企业的会计政策、会计估计、会计方法、会计信息披露等方面进行分析,可以判断企业财务报表数据的真实性。那么,如何进行会计分析呢?

【学习目标】

掌握辨认关键会计政策、评估会计政策弹性等会计分析方法。

【知识储备】

知识点 1:辨认关键会计政策

对企业会计报表进行分析,首先应结合企业战略分析,对企业用于衡量其成功要素和风险的会计政策和会计估计进行评估和确认。如实施差别化战略,以产品质量和创新为主要竞争优势的制造企业,其与研发及售后服务相关的会计政策就显得尤为关键;而实施低成本战略的商品流通企业,其与存货相关的会计政策如存货计价和跌价准备等就显得特别重要;对实施专一化战略的企业,分析时要兼顾与存货相关的会计政策、与研发及售后服务相关的会计政策。

知识点 2:评估会计政策弹性

不同企业有着不同的关键会计政策,而不同的会计政策有着不同的会计政策弹性。有些企业的关键会计政策可能受到会计准则的严格限制,而有些企业的会计政策却存在较大的政策弹性空间。报表分析者应分析目标企业关键会计政策弹性大小,格外关注会计政策弹性大的企业有无利用会计政策弹性的行为。

知识点 3:评价会计策略

评价会计策略时报表分析者应关注以下几点:
①企业选择的关键会计政策与其所在行业的惯例是否一致;
②企业有无利用会计政策弹性进行盈余控制的动机;
③企业有无变更会计政策和会计估计;
④企业以前采取的会计政策和会计估计是否符合实际;
⑤企业是否为特定会计目的进行特殊的交易设计等。

知识点 4:评价信息披露质量

评价企业信息披露质量时报表分析者应关注以下几点:

①企业是否提供了充分的资料，让报告阅读者评估其经营策略及经营状况等；
②报表附注是否充分解释了企业的主要会计政策；
③企业是否对业绩变动予以充分说明；
④企业是否忠于事实而不存在报喜不报忧的情况。

知识点 5：识别危险信号

针对企业可能存在的会计报表舞弊行为，报表分析者通过识别企业危险信号，可以发现舞弊者的蛛丝马迹。一些常见的危险信号包括以下几点：
①未解释的会计政策和会计估计变动；
②未解释的异常交易；
③关联交易频繁；
④企业重组、股权交易不断；
⑤频繁更换审计师或审计师出具非"无保留"审计意见等。

知识点 6：消除会计信息失真

会计信息失真的原因主要有以下几点：
①会计报表是多方博弈后的通用信息报告，信息不充分；
②根据权责发生制编制的报表存在扭曲企业真实情况的现象；
③会计信息披露质量问题等。
会计信息失真可以利用报表附注、评估会计信息质量、历史对比分析、行业对比分析、调研等方法对企业会计信息进行信息还原。

【任务清单8.3】 会计分析

项目	任务内容
任务情境	通过对【知识储备】的学习，请利用上市公司"新和成（002001）"最新的年报对该公司进行会计分析。（上市公司年报信息可在巨潮资讯网查询，网址：http://www.cninfo.com.cn）
任务目标	掌握企业会计分析的基本方法。
任务实施	（1）如何辨认关键会计政策？ （2）如何评估会计政策弹性？ （3）如何评价会计策略？ （4）如何评价信息披露质量？ （5）如何识别危险信号？ （6）如何消除会计信息失真？
任务点拨	
任务总结	通过完成上述任务，你学到了哪些知识或技能？

任务 8.4 报表分析

【学习情境】

通过企业战略分析,我们对企业的经营环境有了详细的了解;通过会计分析,又对企业的会计数据和会计信息质量作出了评价,在此基础上再对企业的会计报表进行系统的财务分析,就具有一定的可靠性。那么,如何进行企业会计报表分析呢?

【学习目标】

掌握会计报表的盈利能力分析、营运能力分析、偿债能力分析、发展能力分析及杜邦体系分析等分析方法。

【知识储备】

知识点1:盈利能力分析

盈利能力的大小是一个相对的概念,即利润与一定的资源投入或一定的收入相比较而获得的一个相对的概念,它是企业生存与发展中最重要的要素。企业盈利能力分析主要围绕以下几个方面展开:

(1) 资本经营盈利能力分析

主要指标如下:

$$净资产收益率 = (净利润 \div 平均净资产) \times 100\%$$

其中:

$$平均总资产 = (期初总资产 + 期末总资产) \div 2$$

该指标为正,且越高,反映企业盈利能力越好。

(2) 资产经营盈利能力分析

主要指标如下:

$$总资产报酬率 = (息税前利润 \div 平均净资产) \times 100\%$$

其中:

$$息税前利润 = 利润总额 + 利息支出$$

$$平均总资产 = (期初总资产 + 期末总资产) \div 2$$

该指标为正,且越高,反映企业盈利能力越好。

(3) 营业经营盈利能力分析

主要指标如下:

$$销售利润率 = (净利润 \div 营业收入) \times 100\%$$

该指标为正,且越高越好。

知识点 2：营运能力分析

企业营运能力主要指企业营运资产的效益和效率。资产周转速度是衡量企业营运效率的主要指标，资产周转速度越快，表明资产可供运用的机会越多，使用效率越高；反之，则表示资产利用效率越差。资产周转速度的快慢，通常用资产周转率（次数）和资产周转期（天数）两个指标来表示。

(1) 总资产周转率和总资产周转天数

$$总资产周转率 = 营业收入 \div 平均总资产$$

$$总资产周转天数 = (1 \div 总资产周转率) \times 计算期天数$$

其中：

$$平均总资产 = (期初总资产 + 期末总资产) \div 2$$

总资产周转率数值越高，总资产周转天数就越短，说明企业资产的投入产出率越高，企业总资产运营状况越好。

(2) 流动资产周转率和流动资产周转天数

$$流动资产周转率 = 营业收入 \div 平均流动资产$$

$$流动资产周转天数 = (1 \div 流动资产周转率) \times 计算期天数$$

其中：

$$平均流动资产 = (期初流动资产 + 期末流动资产) \div 2$$

流动资产周转率数值越高，流动资产周转天数就越短，说明企业流动资产的投入产出率越高，企业流动资产运营状况越好。

(3) 存货周转率和存货周转天数

$$存货周转率 = 营业收入 \div 平均存货$$

$$存货周转天数 = (1 \div 存货周转率) \times 计算期天数$$

其中：

$$平均存货 = (期初存货 + 期末存货) \div 2$$

存货周转率数值越高，存货周转天数就越短，说明企业存货的变现速度越高，企业存货的周转速度越快、流动性越强。

(4) 应收账款周转率和应收账款周转天数

$$应收账款周转率 = 营业收入 \div 平均应收账款$$

$$应收账款周转天数 = (1 \div 应收账款周转率) \times 计算期天数$$

其中：

$$平均应收账款 = (期初应收账款 + 期末应收账款) \div 2$$

应收账款周转率数值越高，应收账款周转天数就越短，说明企业变现速度和管理效率越高，企业应收账款的周转速度越快、流动性越强。

(5) 固定资产周转率和固定资产周转天数

$$固定资产周转率 = 营业收入 \div 平均固定资产$$

$$固定资产周转天数 = (1 \div 固定资产周转率) \times 计算期天数$$

其中：
$$平均固定资产=(期初固定资产+期末固定资产)÷2$$
固定资产周转率数值越高，固定资产周转天数就越短，说明企业利用效率越高，管理水平越好。

知识点 3：偿债能力分析

偿债能力反映企业偿还到期债务的能力，包括短期偿债能力和长期偿债能力。

（1）短期偿债能力分析

短期偿债能力说明企业短期的财务状况和风险程度。
$$流动比率=流动资产÷流动负债$$
流动比率越高，表示企业的偿付能力越强，企业所面临的短期流动性风险越小，债权人安全程度越高。
$$速动比率=速动资产÷流动负债$$
其中：
$$速动资产=流动资产-存货$$
速动比率消除了存货等变现能力较差的流动资产项目的影响，可以部分地弥补流动比率指标存在的缺陷。用速动比率来评价企业的短期偿债能力相对更准确一些。

（2）长期偿债能力分析

长期偿债能力说明企业整体财务状况和债务负担及偿债能力的保障程度。
$$资产负债率=负债÷资产$$
该指标越大，说明企业的债务负担越重；反之，说明企业的债务负担越轻。对债权人来说，该比率越低越好，因为企业的债务负担越轻，其总体偿债能力越强，债权人权益的保证程度越高。对于企业来说，需要结合其运营特点进行分析。

知识点 4：发展能力分析

发展能力反映企业在生存基础上，扩大规模、壮大实力的潜在能力。

（1）股东权益增长率
$$股东权益增长率=(本期股东权益增加额÷股东权益期初余额)×100\%$$
股东权益增长率反映的是股东权益的增长情况。

（2）营业利润增长率
$$营业利润增长率=(本期营业利润增加额÷上期营业利润)×100\%$$
该指标反映的是企业营业利润的增长情况。

（3）收入增长率
$$收入增长率=(本期营业收入增加额÷上期营业收入)×100\%$$
该指标反映的是企业某期销售增长的情况。

（4）资产增长率
$$资产增长率=(本期资产增加额÷资产期初余额)×100\%$$

该指标反映的是企业资产规模增长的情况。

知识点 5：杜邦体系分析

杜邦财务体系分析，简称杜邦体系分析，又叫杜邦财务分析体系，是指利用几种主要的财务比率之间的关系，建立财务分析指标体系，综合分析企业财务状况的分析方法。该体系由美国杜邦公司首先采用，被称为杜邦分析法。企业经营以实现股东财富最大化为目标，因此杜邦分析法以净资产收益率为起点，将企业净资产收益率逐级分解为多项财务指标，深入分析比较企业经营业绩。采用这一分析体系，可以使财务指标分析的层次更清晰、条理更突出，为报表分析者全面仔细地了解企业的经营状况提供便利。

净资产收益率=资产净利率×权益乘数

资产净利率=销售净利率×总资产周转率

净资产收益率=销售净利率×总资产周转率×权益乘数

杜邦财务分析体系将净资产收益率分解为三部分：销售净利率、总资产周转率和权益乘数，而这三个指标对企业经营产生着不同的作用，分别代表企业三种不同的杠杆：市场杠杆、管理杠杆和财务杠杆。

市场杠杆——销售净利率的高低代表了企业在市场中的地位，销售净利率与企业的产品组合、销售收入和毛利率等息息相关。

管理杠杆——总资产周转率综合反映了企业管理者对资产利用管理的水平，资产周转的快慢直接影响到企业管理的效率，总资产周转率与企业的现金流、存货周转率、应收账款账期和固定资产周转率等因素相关。

财务杠杆——资产负债率（权益乘数）的高低不但影响企业的盈利水平，还关乎企业的风险程度，财务杠杆与资产负债率、流动比率及净现金负债率等相关。

【任务清单8.4】 报表分析

项目	任务内容
任务情境	通过对【知识储备】的学习,结合前面对上市公司"新和成(002001)"的财务分析,请利用上市公司"新和成(002001)"最新的年报对该公司进行会计报表分析。(上市公司年报信息可在巨潮资讯网查询,网址:http://www.cninfo.com.cn)
任务目标	掌握企业会计报表分析的基本方法。
任务实施	(1) 如何进行盈利能力分析? (2) 如何进行营运能力分析? (3) 如何进行偿债能力分析? (4) 如何进行发展能力分析? (5) 如何进行杜邦体系分析?
任务点拨	
任务总结	通过完成上述任务,你学到了哪些知识或技能?

任务 8.5　前景分析

【学习情境】

企业前景分析是以战略分析、会计分析和财务分析为基础的一种动态的综合分析预测，前景分析是财务分析的最终目的，可以为报表使用者权衡风险收益、调整投资决策提供重要依据，也可以帮助企业管理者科学制定未来发展计划、调整企业发展战略。那么，如何进行企业前景分析呢？

【学习目标】

掌握对企业前景分析的基本方法。

【知识储备】

知识点：前景分析

会计报表提供的是过去的数据，而前景分析则要面向企业未来。财务预测是基于合理的假设，根据预期条件和可能影响未来经营和投资活动的重要事项，作出恰当的预计结果，并将预计信息编制成各项预计会计报表，以反映企业预期的财务状况、经营成果和现金流量等信息。财务预测应是全面的，不仅要预测收益数据，还要预测资产负债及现金流量数据。这些数据并不是臆造的，而是建立在战略分析、会计分析和财务分析的坚实基础上的。

在对企业前景进行预测分析时，应首先预测其未来的收入状况，因为销售收入预测是财务预测的重要起点。由于企业所处的行业及企业自身发展的阶段不同，企业未来销售变动的趋势也会有所不同，因此在预测过程中要关注影响企业未来销售变动的重要因素。另外，还应考虑企业未来销售幅度变动的影响，例如不能因企业目前处于高速增长阶段，就简单认为未来仍按此速度增长，而应根据未来市场状况评估市场饱和度、竞争等因素的综合影响。在预测企业未来盈利水平时，过去年度的盈利水平可以作为预测的基础数据，但仍应评估影响企业利润的综合因素。

【任务清单8.5】 前景分析

项目	任务内容
任务情境	通过对【知识储备】的学习，结合前面对上市公司"新和成（002001）"的财务分析，请利用上市公司"新和成（002001）"最新的年报对该公司进行前景分析。（上市公司年报信息可在巨潮资讯网查询，网址：http：// www.cninfo.com.cn）
任务目标	掌握企业前景分析的基本方法。
任务实施	如何进行前景分析？
任务点拨	
任务总结	通过完成上述任务，你学到了哪些知识或技能？

【思政之窗】

一份600字的财务分析报告戳穿了一个上市公司的"神话"。

蓝田事件是中国证券市场一系列欺诈案之一,被称为"老牌绩优"的蓝田巨大泡沫的破碎,是中国股市上演的一出丑剧,成为2002年中国经济界一个重大事件。

蓝田股份曾经创造了中国股市长盛不衰的绩优神话。这家以养殖、旅游和饮料为主的上市公司,一亮相就颠覆了行业规律和市场法则,1996年发行上市以后,在财务数字上一直保持着神奇的增长速度:总资产规模从上市前的2.66亿元发展到2000年年末的28.38亿元,增长了9倍,历年年报的业绩都在每股0.60元以上,最高达到1.15元,5年间股本扩张了360%,创造了中国农业企业罕见的"蓝田神话"。

2001年10月9日起,中央财经大学刘姝威教授对蓝田的财务报告进行了分析,得出的结果是,2000年蓝田的流动比率已经下降到0.77,净营运资金已经下降到负1.27亿元。在刘姝威看来,这几个简单的数字说明蓝田在一年内难以偿还流动债务,有1.27亿元的短期债务无法偿还,说明蓝田已经失去了创造现金流量的能力,完全是在依靠银行的贷款维持生存——它是一个空壳!10月23日,刘姝威毫不犹豫地将《应立即停止对蓝田股份发放贷款》的600字财务分析报告发给了《金融内参》编辑部,之后"蓝田神话"破灭:蓝田股份涉嫌业绩造假金额高达10亿元,而生态农业、蓝田经济开发公司(蓝田股份原第一大股东)以及蓝田总公司(蓝田经济开发公司的母公司)所欠银行贷款的总数曾一度高达30亿元。

一篇短短600字的财务分析报告就可以直接戳穿一个公司的骗局。可见,财务分析报告不在长短,而在于其分析的深度和质量,因此,我们在做财务分析的过程中,要运用所学的会计知识,从纷繁复杂的财务信息中探寻企业经营的本质,提供有内容、有深度的财务分析报告。

【故事启迪】

分粥

有七个人曾经住在一起,每天分一大桶粥。要命的是,粥每天都是不够的。

一开始,他们抓阄决定谁来分粥,每天轮一个。于是每周下来,他们只有一天是饱的,就是自己分粥的那一天。

后来他们开始推选出一个道德高尚的人出来分粥。强权就会产生腐败,大家开始挖空心思地去讨好他,贿赂他,搞得整个小团体乌烟瘴气。

然后大家开始组成三人的分粥委员会及四人的评选委员会,互相攻击扯皮下来,粥吃到嘴里全是凉的。

最后大家想出来一个方法:轮流分粥,但分粥的人要等其他人都挑完后拿剩下的最后一碗。为了不让自己吃到最少的,每人都尽量分得平均,就算不平,也只能认了。大家快快乐乐,和和气气,日子越过越好。

同样是七个人,不同的分配制度,就会有不同的风气。所以,一个单位如果有不好的工作习气,一定是机制有问题,一定是没有完全公平公正公开,没有严格的奖勤罚懒。如何制定这样一个制度,是每个领导需要考虑的问题。

拓展练习

一、单选题

1. 投资者在进行财务分析时，最关心企业的（　　）。
   A. 偿债能力　　　B. 盈利能力　　　C. 营运能力　　　D. 发展能力
2. 以下财务报告中，反映企业财务状况的是（　　）。
   A. 利润表　　　B. 利润分配表　　　C. 费用成本表　　　D. 资产负债表
3. 企业扩大举债经营规模的根本保障是（　　）。
   A. 偿债能力　　　B. 获利能力　　　C. 筹资能力　　　D. 变现能力
4. 进行资产规模与变动分析，应采用（　　）。
   A. 水平分析法　　　　　　　　　B. 垂直分析法
   C. 趋势分析法　　　　　　　　　D. 比率分析法
5. 利润分析中，无法得到的信息是（　　）。
   A. 主营业务利润　　　　　　　　B. 成本费用
   C. 资产结构　　　　　　　　　　D. 净利润

二、多选题

1. 反映上市公司盈利能力的指标有（　　）。
   A. 每股收益　　　　　　　　　　B. 普通股权益报酬率
   C. 股利发放率　　　　　　　　　D. 总资产报酬率
2. 属于筹资活动现金流量的项目有（　　）。
   A. 短期借款的增加　　　　　　　B. 支付给职工的现金
   C. 或有收益　　　　　　　　　　D. 分配股利所支付的现金
3. 根据杜邦财务分析体系，与净资产收益率指标相关的有（　　）。
   A. 流动比率　　　B. 销售净利率　　　C. 总资产周转率　　　D. 权益乘数
4. 股东权益增长率的大小直接取决于下列因素中的（　　）。
   A. 资产负债率　　　　　　　　　B. 总资产报酬率
   C. 净资产收益率　　　　　　　　D. 股东净投资率
5. 某企业流动比率为2，以下（　　）业务会使该比率下降。
   A. 收回应收账款　　　　　　　　B. 从银行取得短期借款已入账
   C. 偿还应付账款　　　　　　　　D. 赊购商品与材料

三、判断题

1. 流动资产周转率是影响总资产周转率的唯一因素。（　　）
2. 价格因素是影响企业盈利能力的决定因素。（　　）
3. 资产周转速度越快，为企业节约的资金越多。（　　）
4. 获利能力越强的企业，偿债能力也越强。（　　）
5. 杜邦财务分析体系中的核心指标是净资产收益率。（　　）

四、业务操作题

请运用所学的财务分析知识,结合前面对上市公司"新和成(002001)"的战略分析、会计分析、报表分析及前景分析,对"新和成(002001)"进行全面的财务分析,具体数据信息从互联网及巨潮资讯网(网址:http://www.cninfo.com.cn)查询。

【画龙点睛】

请扫码查看对拓展练习进行的点拨。

参 考 文 献

[1] 史璞. 基础会计 [M]. 北京：北京师范大学出版社，2012.
[2] 程淮中. 会计基础与实务 [M]. 北京：人民邮电出版社，2014.
[3] 新道科技股份有限公司. 财务数字化应用 [M]. 北京：高等教育出版社，2020.
[4] 张先治，陈友邦. 财务分析 [M]. 大连：东北财经大学出版社，2020.
[5] 黄世忠. 财务报表分析理论·框架·方法与案例 [M]. 北京：中国财政经济出版社，2007.